METENDO A COLHER

COLETÂNEA DE ARTIGOS E OUTROS TEXTOS SOBRE VIOLÊNCIA CONTRA A MULHER

Wagner Cinelli de Paula Freitas

METENDO A COLHER

COLETÂNEA DE ARTIGOS E OUTROS TEXTOS SOBRE VIOLÊNCIA CONTRA A MULHER

GRYPHUS

Rio de Janeiro

Revisão
Carolina Menezes

Capa e projeto gráfico
Gabinete de Artes

Dados Internacionais de Catalogação na Publicação (CIP)
(Câmara Brasileira do Livro, SP, Brasil)

Freitas, Wagner Cinelli de Paula
Metendo a colher : coletânea de artigos e outros textos sobre violência contra a mulher / Wagner Cinelli de Paula Freitas. -- 1. ed. -- Rio de Janeiro : Gryphus Editora, 2022.

ISBN 978-65-86061-37-6

1. Mulheres - Direitos 2. Mulheres - Direitos - Brasil 3. Violência contra mulheres I. Título.

22-102048 CDU-34:396.2

Índices para catálogo sistemático:

1. Direito das mulheres 34:396.2

Eliete Marques da Silva - Bibliotecária - CRB-8/9380

Gryphus Editora
Rua Major Rubens Vaz, 456 - Gávea - 22470-070
Rio de Janeiro - RJ - Tel: +55 21 2533-2508
www.gryphus.com.br
E-mail: gryphus@gryphus.com.br

Meter a colher é necessário.
A todas as pessoas que cumpriram
com esse dever e àquelas que ainda
o farão.

"É triste ficar de braços cruzados."

Minerva Mirabal, uma das três Irmãs Mirabal, da República Dominicana, assassinadas pelo regime do General Rafael Trujillo, ao comentar sobre a alegria de se lutar contra as injustiças.

SUMÁRIO

OUTROS TEXTOS

AGRADECIMENTOS

Há uma prática denominada "piano a quatro mãos", que é quando dois pianistas tocam o instrumento ao mesmo tempo. Este livro é fruto de uma analogia a essa prática, pois muitas mãos concorreram para o resultado final. Sim, escrevi os artigos, mas várias pessoas participaram. Umas, porque com elas conversei sobre minhas ideias antes de colocá-las no papel. Outras, porque deram sugestões depois do primeiro esboço do texto. Há ainda aquelas que participaram de outras maneiras. Mas todas contribuíram, e preciso agradecer a elas.

Três são da família. Minha esposa Giane, que é a maior leitora que conheço e geralmente era a primeira a ler o texto. Minha filha Gabriela, jovem, escritora e poeta, sempre com uma sugestão de palavra mais adequada para ser substituída aqui e acolá. O terceiro é meu filho Daniel, que, embora seja da área de exatas, surpreendeu-me com seus talentos de revisor de texto.

Dois apoiadores incansáveis foram Renata Fernandes Espírito Santo e Fábio Henrique Alves Dias, ambos graduados em Direito e especialistas na língua pátria, que muito ajudaram nessa jornada iniciada em janeiro de 2021.

Os primeiros artigos foram publicados com o incentivo de Gisela Zincone, da Gryphus, editora do livro "Sobre ela: uma história de violência". Gisela recomendou-me uma dupla de jornalistas que abriu as portas para a inclusão dos artigos em alguns dos jornais no início daquele ano, Felipe Maciel e Rafael Millon.

Fui encorajado a escrever por outra pessoa querida, que conheço há mais de 20 anos, o jornalista José Carlos Tedesco, que me apresentou a Fabiana Sobral, também jornalista, que foi mais que solícita nos caminhos para as publicações.

Outra jornalista que fez parte deste percurso foi Geiza Rocha, que sugeriu a inserção de uma entrevista que tinha sido conduzida por ela no Programa Mulheres Sustentáveis, entregando-me, inclusive, a respectiva degravação. O material foi editado para ficar com uma linguagem mais concisa e faz parte do livro.

Meus agradecimentos à queridíssima amiga e juíza Renata Gil, primeira mulher presidente da Associação dos Magistrados Brasileiros (AMB), que com brilho tem se dedicado a vários projetos de proteção à mulher, como a campanha Sinal Vermelho, que agora é lei. Renata é uma importante voz em favor da equidade de gênero e do empoderamento feminino, e, para minha satisfação, assina o prefácio deste livro.

A Doutora Bárbara Lupetti é professora adjunta da Faculdade de Direito da UFF e professora permanente do PPGD/UVA. Seu currículo é bastante extenso, mas, em causa própria, aponto que somos integrantes do Fórum Permanente de Pesquisas Acadêmicas – Interlocução do Direito e das Ciências Sociais, da Emerj. Tenho grande admiração pela Bárbara, cujas palestras e intervenções adoro ouvir. Daí ter pedido a ela o comentário sobre a obra, que está na contracapa. Muitíssimo grato.

A Procuradora de Justiça Carla Araújo tem se destacado na luta pela eliminação da violência contra a mulher e criou o Projeto "Vamos Mulherar", que está nas redes sociais, com o objetivo de conscientizar e prevenir a ocorrência dessa violência. Carla leu o livro e escreveu um dos comentários estampados na contracapa. Obrigado; estamos juntos nesta luta.

Adriana Cruz é juíza, titular da 5ª Vara Federal Criminal da Seção Judiciária do Rio de Janeiro, e professora de Direito Penal (PUC-Rio). É integrante do Observatório de Direitos Humanos do Poder Judiciário, instituído pelo CNJ, e uma das idealizadoras do Encontro Nacional de Juízas e Juízes Negros e do Fórum Nacional de Juízas e Juízes contra o Racismo e todas as formas de Discriminação (Enajun/Fonajurd). Doutora Adriana, mulher negra e empoderada, é uma voz contra as desigualdades. É uma honra ter seu comentário sobre esta obra.

Outra incentivadora é minha colega desembargadora Cristina Tereza Gaulia, diretora-geral da Emerj, que milita em prol de um mundo melhor e que, nos eventos de que participamos, tem sempre ressaltado minha dedicação à causa pela isonomia de gênero. Meu agradecimento.

Não poderia deixar de mencionar a juíza Adriana Ramos de Mello, pelo seu destaque nacional como especialista no tema da violência doméstica e familiar contra a mulher. Adriana é também escritora e trabalha incansavelmente pela conscientização a respeito de tão relevante questão. Ela é uma das pessoas às quais recorri para trocar ideias sobre assuntos tratados neste livro. Gratidão.

Depois dos artigos, temos textos que promanam das mãos hábeis de Mestre Zuenir Ventura (O Globo), Melissa Duarte (entrevista para a AMB), Renata Izaal (entrevista para a Plataforma Celina, O Globo), Camille Pezzino (resenha, Caneta Tinteiro) e Paulo Alonso (Reitor da Universidade Santa Úrsula, no Monitor Mercantil). Um grande obrigado para cada.

Há na parte final a poesia "Dominó", da minha filha Gabriela. Já agradeci a ela no início, mas, corujamente, registro que quando lhe perguntei se queria escrever um poema, ela disse que sim e o fez em menos de cinco minutos. Sem dúvida, o melhor poema do livro. ☺

Meus agradecimentos a todos os meios de comunicação que publicaram os artigos e textos que fazem parte desta coletânea, em ordem alfabética: AMB, Consultor Jurídico (Conjur), Correio (antigo Correio da Bahia), Estado de Minas, Jota, Monitor Mercantil, O Dia, O Globo e Revista Justiça Eleitoral em Debate.

Agradeço também à Amaerj, associação da qual faço parte, pela sensibilidade ao tema e permanente cobertura acerca das publicações. Um obrigado especial ao presidente, juiz Felipe Gonçalves, e ao assessor de imprensa, Diego Carvalho.

Last but not least, agradeço à jovem desenhista Duda Thomé, pela ilustração que acompanha o poema "Dominó"; e à artista plástica Isabela Francisco, pela criação da imagem que acompanha a poesia "Não espere a sua vez" e que se completa com o clique da fotógrafa Rosane Naylor.

Como disse, temos o piano a quatro mãos e agora temos, para minha alegria, o livro a trocentas mãos. Para minha alegria porque a causa da igualdade de gênero não é nem pode ser uma luta individual. Sua validação e força se realizam no coletivo.

Por isso, obrigado a todas as pessoas que contribuíram, obrigado a cada leitor(a), e meu reconhecimento a cada um que, diante de uma injustiça, rejeita ficar de braços cruzados.

Rio de Janeiro, 21 de janeiro de 2022.

Wagner Cinelli de Paula Freitas

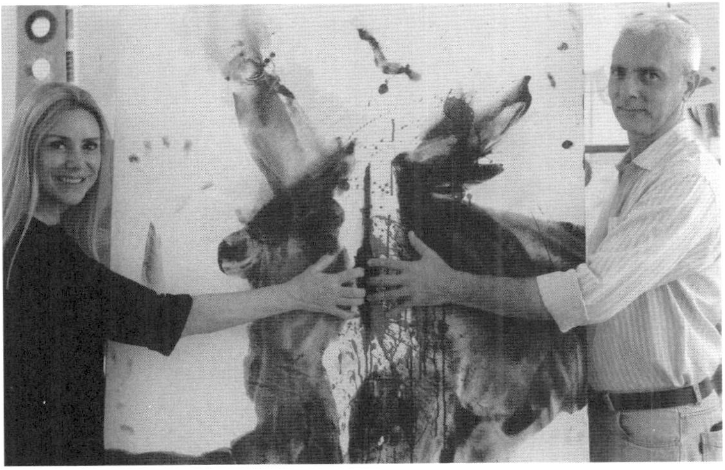

Foto: Rosane Naylor

PREFÁCIO

Não é raro que a sabedoria humana, adquirida de modo transpessoal no decurso das épocas, condense-se em sentenças concisas que servem à transmissão da experiência: conselhos cujo objetivo é poupar as novas gerações dos mesmos padecimentos pelos quais passaram seus antepassados. Tais ensinamentos assumem a forma de ditos populares, que, exaustivamente repetidos, incrustam-se na mente das pessoas até se tornarem lugar-comum, quando ganham status de verdade inquestionável – afinal, carregam a herança dos tempos, a lição de quem, outrora, vivenciou o fato que deu causa ao chavão.

Há, no entanto, outra classe de ditados que chamaremos de anti-provérbios: máximas nefastas que possuem um intuito contrário e de negação – elas não se prestam à preservação e à evolução da espécie; ao invés, contribuem para práticas discriminatórias e de opressão. Eis a inédita relevância do volume que o leitor tem em mãos: ele implode o aforismo que, por incontáveis décadas, vem justificando o cometimento das mais abomináveis atrocidades: "em briga de marido e mulher, ninguém mete a colher".

Ignoramos de onde brotou a ignomínia; todavia e felizmente, agora dispomos do instrumento propício para exterminá-la.

"Metendo a colher" já ocupa um lugar reservado na história da luta contra a violência doméstica, em decorrência do destemor de Wagner Cinelli de Paula Freitas, que soube enfrentar o tema com incisividade e discernimento, dentro de uma perspectiva essencial para a superação da mazela: o olhar do magistrado que precisa fazer Justiça a despeito de uma legislação que evolui a passos lentos e de uma jurisprudência que, em várias ocasiões, é o espelho desse atraso.

Nesse sentido, o ano que passou foi pródigo de bons resultados. Do ponto de vista legislativo, avançamos com a aprovação de normas que criminalizam a violência psicológica contra a mulher e instituem, em todo o território nacional, o programa de cooperação "Sinal Vermelho Contra a Violência Doméstica", que já salvou inúmeras vítimas de ameaças, abusos e agressões. No Judiciário, demos um novo passo em direção ao fim da violência de gênero: o Supremo Tribunal Federal declarou inconstitucional a tese da legítima defesa da honra, que, por um longo período, viabilizou a absolvição dos responsáveis por horrorosos feminicídios.

E a publicação deste livro é o sinal de que 2022 também será um ano alvissareiro.

Em toda a obra, permeada de distintas maneiras, encontra-se a noção de que a omissão, tanto quanto a violência em si, é o inimigo a se combater. Cinelli compreende – e faz questão de esclarecê-lo a nós – que o agressor não está sozinho: ele se vale do silêncio daqueles que, defronte à barbárie, preferem fechar os olhos, como se o caso não lhes dissesse respeito.

A verdade que reluz nas próximas páginas revela-nos o quão pouco a sociedade tem se empenhado para mitigar o problema em virtude de uma "cultura de conivência", que, por meio de clichês, bordões e estereótipos, deixa todos muito à vontade para permanecerem de braços cruzados.

Chega! Basta! É esse o brado que emana das palavras de Cinelli e que, paulatinamente, vai nos contagiando, de sorte que, ao final da leitura, sobram-nos duas sensações: em primeiro lugar, o choque frente ao absurdo de uma realidade cruel que parece não sensibilizar aqueles que detêm o poder de transformá-la; e, em segundo lugar, a coragem – irmã da indignação – imprescindível para promover as mudanças que não podem esperar.

Cada texto aqui reunido aponta para uma curva acentuada em que a violência é a protagonista de narrativas que nunca acabam em finais felizes. O delito de ódio do homem contra aquela que com ele se relacionou não é inédito nem infrequente. Precisamos falar sobre isso. Precisamos salvar mulheres que hoje não possuem o livre arbítrio de escolher viver.

As relações abusivas não se escondem. O primeiro ataque é o prenúncio do segundo, e assim por diante, num *loop* infinito. Bem sabe Cinelli – e, por ação dele, nós também – que a união tóxica pode perdurar por uma existência inteira.

Graças às manifestações de mulheres corajosas, que se dispuseram a denunciar os suplícios vivenciados, a campanhas como a "Sinal Vermelho contra a Violência Doméstica" – muitas vezes mencionada nas páginas seguintes – e ao empenho de cidadãos como Wagner Cinelli, temos construído uma sociedade que coloca em pauta questões há tempos silenciadas. Através das histórias de tantas personagens que sofreram o mal na própria carne, é possível enfraquecer o efeito dominó que segue "derrubando vida atrás de vida atrás de vida atrás de vida...".

Que este livro desperte a consciência daqueles que ainda se encontram no escuro da indiferença e que nos dê um rumo todas as vezes em que o propósito parecer inalcançável. Não esmoreceremos jamais. Meter a colher é fundamental.

Renata Gil,
presidente da Associação dos
Magistrados Brasileiros (AMB)

APRESENTAÇÃO

Os fatos sociais instigam, e observá-los é o caminho para a melhor compreensão de nossa sociedade. Por isso, iniciei meus estudos no Direito e, em seguida, nas Ciências Sociais. Essa combinação me levou a pesquisar o cárcere, e minha monografia de final de curso na graduação de Ciências Sociais foi um estudo de caso de rebelião de presos. Como pesquisador e como juiz, fui a diversos presídios e minha dissertação de mestrado foi sobre a privatização das prisões, movimento que teve início nos EUA e se espalhou para diversos países.

Outro tema que chamou minha atenção e sobre o qual escrevi foi a primeira faculdade de sociologia do mundo. A Universidade de Chicago teve seu departamento de sociologia instalado em 1892. Nasceu, assim, a chamada Escola de Chicago, responsável pela produção de teorias e estudos relacionando espaço urbano e criminalidade. Seu período áureo seguiu até a eclosão da Segunda Guerra Mundial, e seu legado foram métodos de pesquisa inovadores, além de ter influenciado diversas teorias criminológicas.

O assunto que posteriormente se tornou meu objeto de estudo é a violência de gênero. Já no início do trabalho com essa temática, fiz minhas racionalizações a respeito de lugar de fala. Acreditava que minha graduação e pesquisa em Ciências Sociais me credenciassem, assim como minha experiência como juiz criminal e de família. Era uma crença legítima. Mas, com o passar do tempo e melhor introspecção, percebi um motivo contundente: violências me incomodam profundamente.

Tenho a alteridade – que é o exercício de se colocar no lugar do outro – como fundamental, tanto para um bem-viver (ponto de vista individual), quanto para o aprimoramento da sociedade (ponto de vista coletivo). Sobre o tema, assim escreveu Umberto Eco em carta endereçada ao cardeal Carlo Maria Martini: "A dimensão ética começa quando entra em cena o outro". É a ética da reciprocidade, presente em várias religiões, e representada pela máxima moral "trate os outros como você quer ser tratado" (regra de ouro) ou, em comando negativo, "não faça com os outros o que você não gostaria que fizessem com você" (regra de prata).

Essa preocupação com o outro me acompanha desde pequeno e sei que tive muitos professores a esse respeito, mas a mestra principal foi minha querida mãe, Lucy.

Por conta desse traço, embora não apenas por ele, a carreira na magistratura se me abriu como uma porta ideal, que transpus movido pela vontade de contribuir para a redução das violências, que existem de diversas maneiras.

Aliás, uma forma de violência cujo termo está em voga é a violência institucional. Não se falava nisso antes, mas era uma questão com a qual eu já me preocupava pela experiência que tive como estagiário de Direito e depois como advogado, em audiências em que presenciei juízes demonstrando irritação, a meu ver desnecessária, com partes e testemunhas. Muitas vezes eram pessoas humildes e que certamente ficavam ainda mais desconfortáveis com aquele tratamento ríspido ao qual eram submetidas.

Por isso, quando assumi a titularidade da 1ª Vara de Família de São Gonçalo, ainda nos anos 90, visando ao esclarecimento do público, redigi um texto com os direitos e deveres das pessoas chamadas a depor em Juízo e afixei no mural ao lado da porta da sala de audiências. Enviei ofício sobre essa iniciativa ao Tribunal de Justiça do Estado do Rio de Janeiro, e o Desembargador Marcus Faver, então presidente, acolhendo a ideia, aprimorou aquelas instruções e lançou o folheto da testemunha, que passou a acompanhar os mandados de intimação. Além disso, ele encaminhou sugestão para a Alerj, sendo instituído, pela Lei estadual nº 3.511/2000, o Dia Estadual da Testemunha.

Retornando à violência de gênero, contaminado pelas artes, escrevi o roteiro de "Sobre Ela", transformado em curta-metragem de animação e que aborda uma relação em que a mulher é vítima crônica das violências do marido. Realizado o filme, quis aumentar a contribuição para a conscientização sobre o problema e escrevi "Sobre ela: uma história de violência".

O livro foi lançado no final de 2020 e poucos dias depois, na véspera do Natal, minha colega juíza Viviane Vieira do Amaral foi vítima fatal pelas mãos do ex-marido aos olhos das três filhas menores.

Eu conhecia os dois, Viviane e o feminicida. Por isso, senti-me ainda mais compelido a mergulhar no tema da violência de gênero, com especial atenção para aquela praticada pelo atual ou ex-companheiro, por vislumbrar ali, além da quebra da ética da reciprocidade, uma antítese ética intransponível, que é a agressão pelas mãos de quem deveria defender.

Quantas situações não nos colocam a proteger uma pessoa que cruza nosso caminho? Seja porque caiu ao nosso lado na rua, seja porque foi vítima de um acidente ou de um delito. Se nossos valores nos levam a ter compaixão por um desconhecido, como poderia uma pessoa praticar violência contra outra com quem tem ou teve um envolvimento afetivo? É claro que nada é tão simplista e que um relacionamento pode gerar tensão entre os envolvidos. Mas uma coisa são tensões, discussões e até as famosas DRs. Outra, esta sim inadmissível, é o uso da violência.

Violência não é direito a ser exercido. É crime.

Infelizmente, quando lidamos com este assunto da violência perpetrada pelo companheiro, encontramos vítimas conformadas ou mesmo que não se reconhecem vítimas. Portanto, é necessário falar sobre isso. Falar para conscientizar, apoiar e buscar soluções no plano individual e também no coletivo. Por isso, seguindo a linha do livro, que é recorrer a vários saberes para melhor compreensão da questão, segui escrevendo artigos sobre o tema.

Nominei esse conjunto (curta-metragem, livro e artigos) de Projeto Sobre Ela, que foi inscrito no Prêmio Juíza Viviane do Amaral, promovido pelo CNJ, logrando ser premiado na categoria Magistrados[I], motivo de alegria pelo reconhecimento obtido.

I. Ordem de classificação: Projeto Borboleta (1º lugar), Projeto Rede Ajuda (2º lugar) e Projeto Sobre Ela (3º lugar). Resultado divulgado em 14/12/2021.

Os próximos parágrafos trazem um amálgama de vários dos títulos escritos.

Notícias que chocam não cessam. Infelizmente, homens que matam existem e não são poucos. Mas as vertigens da paixão muitas vezes inebriam os sentidos. Por isso, é fundamental quebrar o ciclo da violência. Dizer não ao machismo entranhado na cultura. Internalizar que pancada, seja de que tipo for, dói e mata. Reconhecer que violência não é só a física. Saber que muitas mulheres vítimas de violência são levadas à prática da autolesão e que as que se autolesionam estão mais sujeitas ao suicídio. Precisamos conhecer nossos direitos e também os instrumentos disponíveis. Saber que existe a campanha Sinal Vermelho, que tem Lei Maria da Penha, Delegacia da Mulher, Ronda Maria da Penha e casa abrigo para vítimas de violência. Conhecer o número 180 da Central de Atendimento à Mulher e, diante de qualquer necessidade, ligar para lá. Estejamos, pois, atentos aos sinais de violência e também aos pedidos de socorro que vêm no silêncio, merecendo especial atenção a mulher com deficiência, pelo risco aumentado de ser vítima da violência que seu grupo apresenta. Afinal, nem tudo são flores e hoje sabemos que meter a colher é imprescindível.

Não podemos esquecer que a igualdade vem de cedo e o exemplo vem de casa. Daí a importância de homens e mulheres compartilharem os deveres do lar e os cuidados com a prole.

Além disso – e junto com tudo isso –, participar do poder é fundamental. A mulher precisa ocupar postos-chave em ambos os setores, público e privado. Nessa linha, necessitamos de mais mulheres na política.

Por fim, a violência contra a mulher e a sua participação no poder são elementos de uma equação que necessita de ajuste.

Maior representatividade contribui para a redução dessa violência seletiva contra a mulher, que é ainda mais gravosa em alguns grupos, considerando-se, por exemplo, cor, deficiência física e hipossuficiência financeira.

Reconhecer a fundamentabilidade dessas questões decerto nos coloca no caminho para um mundo menos desigual.

Portanto, façamos como sugere a escritora nigeriana Chimamanda Ngozi Adichie: sejamos todos pelo feminismo.

As gerações futuras agradecem.

ARTIGOS

NOIVAS CADÁVERES[1]

(O Globo, em 30/01/2021)

Ainda está vivo na memória do brasileiro o assassinato da juíza Viviane Vieira do Amaral Arronenzi, morta na véspera de Natal pelo ex-marido na frente das três filhas. Infelizmente, a contagem macabra não para. Semanas depois, novos casos de feminicídio chocaram o país. A imprensa noticiou a história de duas jovens que, em menos de 12 horas, foram assassinadas no Estado do Rio de Janeiro. Uma jovem de 29 anos, em Teresópolis, e uma adolescente de 14 anos, em Paraty, perderam a vida covardemente.

O noticiário não tem como antecipar o futuro, mas sabemos de antemão que, ao longo deste ano, muitas outras mulheres serão vítimas de feminicídio praticado por atuais ou ex-companheiros. Reunir e analisar dados estatísticos sobre a violência de gênero não é tarefa fácil, seja pela taxa de subnotificação, seja por outras questões metodológicas.

Estudos mostram que a violência contra a mulher cresceu durante a pandemia. No Brasil, em 2020, durante os meses de maior isolamento social, entre março e junho, houve um aumento de 16% no número de feminicídios, em comparação a igual período de 2019.

Infelizmente, o problema não é novo e já vinha crescendo mesmo antes da pandemia. O Observatório de Igualdade de Gênero, da Comissão Econômica para a América Latina e Caribe, em estudo sobre número de mulheres assassinadas por motivo de gênero no ano de 2017, apontou que, no Brasil, foram 1.133 vítimas, ou seja, três por dia. Pesquisa do Senado Federal, de 2015, mostrou que 20% das mulheres no Brasil já foram espancadas pelo marido, companheiro, namorado ou ex. Provavelmente os números são maiores do que aqueles registrados nas estatísticas, pois muitos casos de violência que ocorrem nos lares nem sequer são notificados.

Relatos de mulheres vítimas indicam que o comportamento abusivo do parceiro aparece e cresce ao longo do relacionamento. Se fosse revelado no primeiro beijo, muita tragédia seria evitada, mas não é assim que acontece. O tempo é a testemunha silenciosa da deterioração dessa relação afetiva. Surgem agressões ou dominações menores, que vão se tornando mais frequentes e mais gravosas com o passar dos dias, meses e anos.

Como o primeiro passo para equacionar um problema é ter a consciência de que ele existe, é necessário falar sobre esse assunto. Falar sobre ela-vítima e também sobre ele-agressor. O debate público é fundamental. Juntamente com as alterações na lei penal que certamente advirão, precisamos de várias outras ações, dentre elas a popularização do número da Central de Atendimento à Mulher: o 180 necessita ser tão conhecido quanto o é o 190 da Polícia Militar.

Precisamos desnaturalizar a violência, o que significa tomar providências sempre que a encontrarmos, sob pena de nossa omissão contribuir para a perpetuação desta fábrica de homens agressivos, que transformam lares em casas de tormenta e amadas em noivas cadáveres.

NÃO AS MATEM, PELO AMOR DE DEUS![2]

(Estado de Minas, em 22/02/2021)

Ilustração de Paulinho Miranda[II]

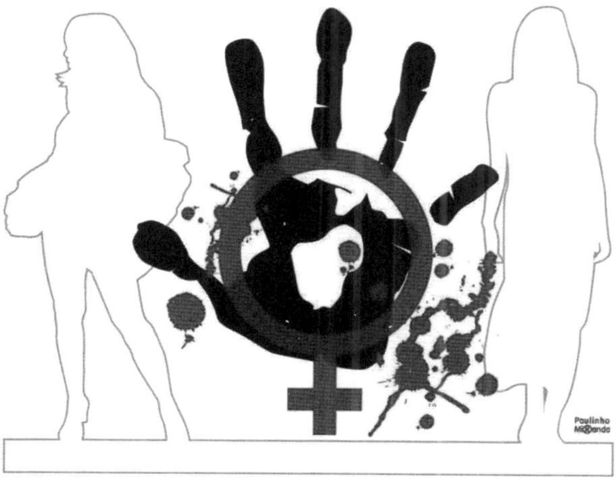

O que pode ser pior para uma mulher, um ladrão que lhe quer a bolsa ou um ex-noivo enfurecido que pretende lhe impor a vontade? Lima Barreto nos ajuda a enxergar que a primeira opção é de longe a melhor escolha. Nas palavras do mestre das palavras: "O ladrão ainda nos deixa com vida, se lhe passamos

II. Agradecimentos ao Estado de Minas, extensivos ao infografista Paulinho Miranda, pela autorização de uso da ilustração publicada com a matéria.

o dinheiro; os tais passionais, porém, nem estabelecem alternativa: a bolsa ou a vida. Eles, não; matam logo."

Essa conclusão de Barreto consta da crônica "Não as matem", publicada no Correio da Noite, em 27 de janeiro de 1915, que escreveu inspirado por três assassinatos de mulheres praticados por ex-noivos. Em outro trecho, tratando desses feminicidas, com sua rotineira clareza, pontua: "Eles se julgam com o direito de impor o seu amor ou o seu desejo a quem não os quer".

O ex é, de fato, um fardo para muitas mulheres. Não raro, esse fardo é também um risco. Risco de violências e daquela que é a mais grave, que é a que arrebata a vida dela. Mas por acaso a pena aplicável a essa conduta criminosa seria leve? Não. A sanção para o feminicídio é uma pena privativa de liberdade que pode variar de 12 a 30 anos. Aliás, poucos crimes têm pena máxima de três décadas e nenhum supera esse limite. Além disso, alteração legislativa em 2015 criou uma causa de aumento especial, que implica na majoração da pena de um terço até a metade para certas hipóteses.

Exemplo recente da aplicação dessa lei é um caso julgado pelo Tribunal do Júri da Comarca de São Luiz Gonzaga, no Rio Grande do Sul. Irresignado com a recusa da ex-companheira para que reatassem, José Valnes Silva Siqueira a matou com 19 facadas. A pena foi fixada em 45 anos de reclusão. Há, de fato, dispositivo no Código Penal que limita o cumprimento de pena privativa de liberdade em 40 anos. Mas mesmo assim se trata de um considerável período de segregação, a refletir uma penalidade rígida.

O sistema de execução penal, então, seria incentivador ao criminoso, pois permitiria que este rapidamente deixasse a prisão? A resposta também é negativa. O condenado por um delito como esse, para pleitear livramento condicional, tinha que cumprir mais de dois terços da pena, que, a propósito, era a maior fração exigida para a concessão desse benefício legal. Entretanto, com o advento da Lei 13.964/2019, chamada de Pacote Anticrime, em vigor desde 23 de janeiro de 2020, o livramento condicional para essa hipótese ficou vedado. Ou seja, o condenado por feminicídio não tem direito a livramento condicional. Apesar da gravidade da sanção e das consequências desfavoráveis ao condenado na fase de execução da pena, os casos de homens que assassinam ex-amadas continuam a ocorrer e recheiam os noticiários, a indicar que o assunto exige debate e ações permanentes.

A Lei Maria da Penha prevê medidas integradas de prevenção, que já existem, mas certamente necessitam de maior incremento e universalização. O telefone da Central de Atendimento à Mulher é o 180 e precisa ser conhecido por todos. As Delegacias Especializadas de Atendimento à Mulher e as Patrulhas Maria da Penha são importantes e merecem investimento e expansão. A legislação penal já recrudesceu e, diante de nossa tradição legiferante, possivelmente advirão outras medidas mais duras para os companheiros carrascos. Juntamente com isso tudo, é essencial a mudança na cultura, para que as personalidades em formação dos meninos não sejam impregnadas pela ideia equivocada de que subjugar o querer alheio lhes é um direito natural.

Apesar de tantas modificações já ocorridas, passado mais de um século, a preocupação de Lima Barreto com os homens que matam mulheres continua atual, valendo, ainda que por incontido desabafo, gritar a frase final de sua crônica: “Não as matem, pelo amor de Deus!”.

A PRIMEIRA NOITE DE UM MENINO ÓRFÃO[3]

(Jornal Correio, em 06/03/2021)

Queria começar este texto citando um feminicídio trágico, adjetivo aqui usado apenas para causar redundância, pois não existe feminicídio que não encerre desastre. Aliás, a verdade é que usualmente não encerra, pois é apenas um capítulo de uma tragédia que continua, especialmente para a família e os amigos da vítima, mesmo com o remédio paliativo do tempo.

Poderia extrair o caso fatal das páginas de um jornal, de um processo criminal, da literatura ou das artes. Poderia ser recente ou antigo, do Brasil ou de qualquer outro país. O manancial é um Rio Amazonas. Escolhi Menino de Engenho, romance de estreia de José Lins do Rego, lançado em 1932, cujo primeiro capítulo é inaugurado com o assassinato da mulher, mãe de Carlinhos, pelo marido.

No entanto, transcrever o trecho que relata o crime contra a vida dela seria o passo mais óbvio. Segui outro, então. "Na hora de dormir foi que senti de verdade a ausência de minha mãe. A casa vazia e o quarto dela fechado. Um soldado ficara tomando conta de tudo. As criadas de perto queriam vir conversar por ali. O soldado não consentia. Botaram-me para dormir sozinho. E o sono demorou a chegar. Fechava os olhos, mas me faltava qualquer coisa. Por minha cabeça passavam, às pressas e truncados, os sucessos do dia. Então comecei a chorar baixinho para os travesseiros, um choro abafado, de quem tivesse medo de chorar."

Tira-se o foco do assassinato, já consumado, para a primeira noite de orfandade do menino Carlinhos, com seus tenros quatro anos de vida. Como ele nos conta, foi na hora de dormir que sentiu a ausência da mãe, sobrando-lhe interagir sua tristeza contida com os travesseiros.

O desafio do menino órfão, entretanto, não se resume a sobreviver àquela primeira noite, primeiro dia do resto de sua vida. Seu desafio é sobreviver à ausência da mãe, ao trauma, ao pai preso ou foragido, enfim, ao resto de sua existência. Letras e vida se refletem. A história do romance não é a primeira a retratar o assassinato da mulher pelo homem e que, de saldo ainda mais perverso, deixa órfãos os filhos da vítima. Se houver filho comum, em um só instante perde a mãe para a morte e o pai para a prisão. Se for menor de idade, geralmente sua guarda passará a algum avô ou outro parente. Muitas vezes, seu destino é ser institucionalizado ou pode até cair na escola da vida.

A perda de Carlinhos é tristíssima. Mais tristes ainda são perdas em que o marido carrasco faz dos filhos testemunhas de seu ato cruel. Infelizmente, estamos diante de outro manancial. Além do sentimento de desperdício que qualquer homicídio simboliza, o assassinato da mulher pelo homem é acompanhado de um elemento pesaroso, que é a traição a um passado de afeto. É a morte trazida por quem deveria proteger e, quando ocorre na frente dos filhos, a traição e os traumas são exponencializados.

Mas, com ou sem exponencial, todo trauma traz a primeira noite e com ela seus vazios e suas dores.

Durma, Carlinhos, com os anjos. Sobreviva a todas as noites e nos ajude a compreender que a morte infligida não pode ser a história de nenhuma família.

HISTÓRIAS DE HOMENS QUE MATAM[4]

(Consultor Jurídico, em 08/03/2021)

"Na noite de 20 para 21 do passado, distante uma légua de Botucatu, Francisco de Carvalho Bastos, conhecido por Chicuta, assassinou sua própria esposa, degolando-a e dando-lhe no peito oito profundas navalhadas".

A transcrição acima foi retirada da página 2 da edição de 5 de julho de 1885 do *Diario de Noticias*, periódico da cidade do Rio de Janeiro, então capital do Império. Naquela data, ainda perdurava no Brasil, o último das Américas, a tragédia histórica que foi a escravidão. Tínhamos ainda monarquia. Ou seja, século 19, escravidão, monarquia e Rio de Janeiro capital.

Atravessamos o seguinte e chegamos ao século 21. A escravidão, embora seus reflexos ainda perdurem, foi abolida. A monarquia, apesar de um inusitado plebiscito a respeito em 1993, *c'est fini*, ao menos por aqui. São Sebastião do Rio de Janeiro já não é capital do Império, nem da República.

Voltando à antiga notícia, podemos notar que outras coisas também mudaram. A légua caiu em desuso, como também em desuso caiu a navalha como arma de crime. Entretanto, o assassinato da "própria esposa", adjetivo talvez empregado por estilo da época, não era novidade naquele século 19. Afinal, no século 1º, Nero matou sua esposa Pompeia Sabina a pontapés. Mas o imperador da harpa não foi o primeiro uxoricida, sendo a história pródiga em casos de homens que assassinaram a esposa ou que deram esse comando, ocupando Henrique VIII meritório espaço nessa triste galeria, com duas esposas decapitadas.

Assassinatos de mulheres por homens com quem mantiveram relacionamento afetivo não são apenas fatos históricos. Infelizmente, isso não mudou e a estatística assusta. Estima-se que no Brasil três mulheres por dia sejam vítimas fatais de atuais ou ex-companheiros. O feminicida não é mito e o assunto é grave e urgente.

Chicuta, Nero, Henrique VIII, Marcos, Antonios e Josés, repletos de ódio, consumam com navalhas, chutes, espadas ou armas de fogo o ato final de seus relacionamentos, aplicando sanção sem pena e nem piedade àquelas que lhes caberia proteger.

Fica a certeza e a lição: há homens que agridem e esses são os que matam. E, inacreditavelmente, ainda o fazem no século 21, em Botucatu e em qualquer outro lugar.

AFINAL DE CONTAS, NEM TUDO SÃO FLORES...[5]

(Consultor Jurídico, em 29/03/2021)

A mulher, ao longo da história e em todos os lugares, tem sido submetida à dominação e à violência, fato amplamente documentado e que se reflete na literatura e nas artes.

Encontramos, com fartura, obras reprodutoras de mensagens machistas, como aquela que traz o refrão *"se te agarro com outro te mato, te mando algumas flores e depois escapo"*, do compositor argentino Cacho Castaña. É o macho traído que se arvora no direito de matar a mulher, envia flores para o enterro por puro escárnio e, ao final, exalta sua impunidade.

Apesar de menos abundante, há obras que denunciam a violência e, para usar um exemplo também com flor, há uma célebre canção de Noel Rosa e Francisco Alves que proclama: *"Na mulher não se dá nem com uma flor"*. A letra, mais adiante, reforça a falta de razão do agressor: *"Embora haja o que houver, eu me sinto sem razão batendo na mulher"*.

Coexistimos com a violência de gênero e aqui o foco é aquela praticada pelo homem contra a companheira, violência que tem como características a repetição e a escalada em termos de gravidade, cujo ápice é o feminicídio.

Mulheres, de uma forma geral, gostam de flores. Não aquelas da canção de Castaña, enviadas por zombaria e consagração de um assassinato. Porém, as flores presenteadas pelo companheiro abusivo podem ser uma sinistra armadilha, como aquela decantada no poema *"I Got Flowers Today"*, de Paulette Kelly.

Nesses versos, apesar de não ser seu aniversário e nenhuma outra data especial, a mulher recebia flores de seu companheiro, com quem, na véspera, havia tido a primeira discussão. Depois, recebia flores de novo, dessa feita após ter sofrido agressões físicas na noite anterior. Posteriormente, mais flores, só que dessa vez as agressões tinham sido ainda mais graves. Outro dia, mais flores, afinal tinha sido mais uma vez agredida e também ameaçada de morte. Mais flores por outra agressão, pior do que as anteriores, e a vítima chega a cogitar a separação, mas tem vários medos. A mulher sempre, ao final de cada estrofe, manifestava seu entendimento de que as flores eram um pedido de perdão. Até que chegou o último buquê. Não são as flores derradeiras porque o casal se separou, mas porque a mulher não conseguiu vencer o silêncio e buscar ajuda a tempo. Assassinada na véspera, essas últimas flores foram enviadas pelo abusador, só que agora para seu funeral. Até lembra o refrão de Carlos Castaña.

O poema de Paulette retrata o ciclo de violência e perdão, que marca a relação abusiva do agressor com a vítima, e traz importante mensagem à mulher agredida, que é não adiar as ações que podem lhe salvar a vida.

Hoje, sabendo-se, como cantou Noel, que um homem não bate em mulher nem com uma flor, esteja a mulher sempre alerta, pois, afinal, nem tudo são flores... E nem precisa ser.

CRUELDADE SEM FRONTEIRA[6]

(O Dia, em 19/04/2021)

Certa vez, em uma animada cerimônia de formatura, surpreendeu-me uma placa levantada por alguns alunos que dizia: "Obrigado, Google!". Minha primeira ideia foi: "Pronto, o Google agora é paraninfo!". De fato, a internet invadiu nossas vidas, com reflexos nas nossas interações sociais e, com ela, chegaram os chamados buscadores, que são sites usados para pesquisa.

Pensando nos novos horizontes que são descortinados a cada época, lembrei-me de pesquisadores que há poucas décadas foram pioneiros em estudos utilizando classificados de jornal. Com essa inspiração de inovar e me transportando ao meu próprio tempo, elegi meu objeto de interesse, no caso o feminicídio praticado pelo companheiro, e resolvi fazer minha investigação na rede mundial.

Ligo o computador, aciono o navegador e chamo o Google. Digito "matou a mulher", delimito a busca para notícias das últimas 24 horas e aperto a tecla enter. A primeira chamada é de A Semana, de Cabo Verde. Ei-la: "Português matou a mulher inglesa grávida, foi preso e deportado – 16 anos depois repete o feminicídio, a vítima é holandesa". O assassino é Hugo Quintas, que já havia sido condenado pelo primeiro crime e agora responde pelo segundo.

O resultado seguinte é do site Sorocabanices: "Preso o homem que matou esposa e enteada de 9 anos e enterrou no quintal no interior de SP". Aqui estamos diante de outro feminicídio, desta vez com duas vítimas no mesmo episódio. Fabrício confessou ter assassinado a mulher com uma faca e a enteada por asfixia. A notícia aponta ainda que ele é investigado porque teria repetidamente abusado sexualmente da outra enteada.

A terceira chamada é do sítio eletrônico do Correio da Manhã, de Lisboa: "Mata ex-companheira e volta ao tribunal por ter escrito palavra ofensiva numa parede com sangue da vítima". Logo abaixo, temos: "Crime aconteceu na Madeira. Homem matou a mulher com mais de 22 facadas". O "arguido", que é como o réu é chamado em Portugal, já tinha sido condenado a 23 anos pelo assassinato da ex-companheira, enfrentando agora nova ação penal por conta de um delito que não constou da denúncia anterior, que é o crime de ofensa à memória da vítima.

São casos de assassinato de mulheres em países diferentes, cada um com marcas peculiares de crueldade. Todos trazidos pelo buscador da internet em uma espécie de arqueologia digital fast food. São uma pequena amostra, simples ponta de iceberg desse fenômeno que não tem pátria nem limite, que é o assassinato da mulher pelo atual ou ex-companheiro.

O delito de ódio do homem contra aquela que com ele se relacionou lamentavelmente não é novidade nem raro. Precisamos falar sobre isso. Falar para expor o problema, para conscientizar sobre sua gravidade, para prevenir sua ocorrência e para buscarmos juntos as soluções que podem ajudar a combatê-lo. Trilhemos esse caminho e certamente essa crueldade será reduzida, aqui e em todos os lugares. Aí, um dia quem sabe, ao repetir a mesma pesquisa, teremos como resposta "nenhum resultado".

VERTIGENS DA PAIXÃO[7]

(Monitor Mercantil, em 05/05/2021)

Primeiro era vertigem, como em qualquer paixão. Sim, Lulu Santos tem razão, as paixões costumam trazer vertigens. A letra da canção, mais adiante, diz: "Às vezes é tormenta / Fosse uma navegação / Pode ser que o barco vire / Também pode ser que não". Dissolvida a nuvem da paixão, o cotidiano de um casal traz conflitos, que podem ser menores ou maiores, chuviscos ou tempestades. Pode até ser que o barco vire, mas também pode ser que não.

Paixão, vertigem, casal e conflitos. Tudo de acordo desde que estejamos diante de relações simétricas. Havendo igualdade e respeito, o script está valendo, vire o barco ou não, isto é, sigam separados ou juntos. O que não se pode aceitar é o comportamento abusivo do companheiro, que reproduz o que tantos já fizeram e infelizmente tantos continuam a fazer, que é subjugar, controlar e dominar a mulher.

Mas se o primeiro beijo deu quase desmaio, o que ocorreu para que o relacionamento evoluísse para o controle e a agressão? Sentimento de posse dele em relação a ela? Que ele tem mais direitos do que ela? Que tem direitos sobre ela? Sobre o querer dela? A lista de perguntas pode ficar extensa, mas a resposta a qualquer uma delas revela o equívoco dele sobre seu relacionamento com ela, sobre ela e sobre si próprio.

Cair a trave dos olhos desse homem dominador e abusivo seria o céu, mas não é tarefa fácil. A questão é que a mulher que é vítima de um homem agressivo não dispõe de tempo e esperar pode ser arriscado.

O feminicídio é o assassinato da mulher em razão do gênero, ou seja, pelo fato dela ser mulher. O Anuário Brasileiro de Segurança Pública, edição de 2020, mostra que houve um crescimento de 7,1% de feminicídios em relação ao ano anterior, a indicar que a curva é ascendente. Revela que 1.326 mulheres foram vítimas desse crime em 2019. Sobre elas, 66,6% eram negras, 56,2% tinham entre 20 e 39 anos e 89,9% foram mortas pelo companheiro ou ex-companheiro.

Evidencia-se, pela natureza do delito, que o grupo vulnerável é o das mulheres, com super-representação da mulher negra com idade entre 20 e 39 anos. Outro dado importante é o local onde os feminicídios aconteceram: residência (58,9%), via pública (25,4%) e outros lugares (15,7%).

Assim, a média de mulheres vítimas de feminicídio no Brasil em 2019 foi de 110 por mês. Dessas, aproximadamente 100 foram assassinadas por homens com quem se relacionaram. Logo, todo dia daquele ano ao menos 3 mulheres se tornaram vítimas fatais de seus companheiros e o lugar do crime, na maioria das vezes, foi uma residência. Portanto, para a mulher vítima de violência, o lar não significa aconchego, mas exposição ao risco.

Os números são alarmantes, e a imprensa tem desempenhado importante papel para a conscientização a respeito dessa triste realidade, sendo que os casos mais veiculados costumam ser os que ocorrem nos grandes centros urbanos, com destaque para aqueles executados com requintes de crueldade. Outro ingrediente a atrair a atenção é quando o golpe fatal é ultimado na presença dos filhos, o que lamentavelmente não é nada raro nesse universo delitivo.

O assunto é sério e urgente, sendo que o homem que agride é o mesmo que mata. Por isso, a mulher enredada nesse tipo de situação deve procurar apoio, seja nas suas redes pessoais (parentes e amigos), seja junto a diversos serviços e instituições, como Central de Atendimento à Mulher (Ligue 180), Disque Direitos Humanos (Disque 100), Delegacia de Atendimento à Mulher, Defensoria Pública (Núcleo de Atendimento à Mulher), Ministério Público (Promotoria da Violência Doméstica e Familiar), Judiciário (Juizado de Violência Doméstica e Familiar), Polícia Militar (190), Disque Denúncia, Conselhos municipal e estadual de direitos das mulheres e ONGs dedicadas ao tema.

A mulher vítima precisa saber que não está sozinha, que tem portas nas quais bater e que deve fazê-lo antes que essa opção lhe seja usurpada. Por isso, precisamos falar sobre esse assunto. Assim, em um futuro que não queremos distante, as vertigens da paixão poderão ser apenas aquelas dos bons momentos e a mulher, como no canto feliz de Lulu, poderá, livre de medos, sempre voltar para casa outra vez.

METER A COLHER É ALGO NECESSÁRIO[8]

(Consultor Jurídico, em 20/05/2021)

Relações abusivas existem e a experiência demonstra que elas não terminam na primeira agressão. A primeira é apenas a antecedente da segunda e assim por diante, podendo a união tóxica durar por toda uma vida.

O estudo *"Women as victims of partner violence"* ("Mulheres vítimas de violência praticada pelo companheiro"), da FRA, que é a Agência dos Direitos Fundamentais da União Europeia, publicado em 2019, indica que mulheres vítimas se frustram quando procuram a polícia. Primeiro porque esperam obter proteção e segundo porque acreditam que uma investigação terá início, mas acabam esbarrando no desinteresse da autoridade, que parece encarar a violência doméstica contra a mulher como uma questão de menor importância, algo da esfera familiar, a atrair a expressão popular *"em briga de marido e mulher, não se mete a colher"*.

A reduzida atuação da autoridade em casos de violência praticada pelo companheiro recebe crítica na conclusão do estudo, que destaca que essas agressões, mesmo quando praticadas em ambiente privado, não podem ser tratadas como questão privada.

Não estamos diante de uma constatação a respeito da polícia brasileira, mas de polícias em países do Velho Continente, considerados econômica e socialmente avançados, a indicar que a problemática é universal.

A primeira porta que a mulher vítima costuma procurar é a da polícia, que deve recebê-la da forma mais acolhedora possível, fazendo uma escuta qualificada e atuando com diligência. Esses pressupostos norteiam as Delegacias Especializadas de Atendimento à Mulher (Deams). Mas não há Deam em todas as cidades. Por isso, é fundamental que todas as delegacias estejam orientadas para a atuação mais eficiente possível nesses casos de violência.

Muitas mulheres relatam que, ao procurarem a polícia, sentiram-se acuadas com perguntas do tipo *"o que você fez para ele lhe bater?"*. Parodiando Lúcio Flávio, que disse *"polícia é polícia, bandido é bandido"*, pode-se afirmar aqui que o foco correto é *"agressor é agressor, vítima é vítima"*. Nada que a vítima tenha feito dá ao companheiro direito sobre o corpo dela.

Ele não tem autorização para agredir e, se o faz, mesmo que dentro do recôndito do lar, o crime é de ação pública. Assim, com o objetivo de dar efetividade à norma penal, o Projeto de Lei nº 2.510/2020 visa a tornar obrigatório que vizinhos e síndicos reportem às autoridades casos de violência doméstica e familiar contra a mulher ocorridos no âmbito do condomínio. Enquanto a lei federal não vem, diversas legislações estaduais têm seguido essa diretriz. Decerto que só a lei federal pode criar a figura penal. Por isso, essas leis locais cominam apenas multa para o condômino ou o síndico omisso, mas já é um avanço.

Leis que aumentem a proteção são bem-vindas, mas gritos de socorro não dependem delas para serem ouvidos. Dentro ou fora de um condomínio, atendamos aos apelos que nos chegarem, metamos a colher, pois só com a participação de todos será possível uma alteração dessa triste realidade.

A HONRA COMO LICENÇA PARA MATAR[9]

(Monitor Mercantil, em 31/05/2021)

Marido mata a mulher, esquarteja o corpo e despacha o cadáver em uma mala. Não é ficção. Aconteceu em São Paulo, no ano de 1928. O assassino Giuseppe Pistone e a vítima Maria Féa se conheceram no navio que os trouxe da Itália para a Argentina, onde se casaram, mudando-se depois para o Brasil.

O criminoso confessou que tiveram uma briga e, sufocando-a com um travesseiro, tirou-lhe a vida. Contou ainda que beijou e acariciou a mulher morta, passando aquela noite deitado ao lado dela. No dia seguinte, despedaçou o corpo e o pôs em uma mala, ali acondicionando roupas e uma das navalhas usadas.

A bagagem seria embarcada no vapor Massilia, que zarparia do Porto de Santos com destino a Bordeaux, na França. Entretanto, um cabo rompeu quando do embarque de um grupo de malas, dentre elas a que continha o cadáver de Maria, chamando a atenção de um dos marinheiros, que percebeu o estranho odor dela proveniente, o que acabou trazendo a polícia à cena, que chegou ao marido assassino.

A sociedade da época ficou ainda mais chocada quando a autópsia revelou que a vítima estava grávida de 6 meses. O episódio ficou conhecido como o Crime da Mala.

Giuseppe disse que Maria teria lhe traído, porém ninguém acreditou nisso. A toda evidência, uma mentira apresentada como desculpa. Mas ele não foi o primeiro nem o último acusado de feminicídio a alegar questão de honra. Aproximadamente meio século depois, Doca Street, que assassinou a namorada Ângela Diniz com 4 tiros, arguiu ter agido em legítima defesa da honra.

Mas seria a defesa da honra um tipo de legítima defesa? Para melhor entender essa questão, vejamos a definição legal que está no artigo 25 do Código Penal: "Entende-se em legítima defesa quem, usando moderadamente dos meios necessários, repele injusta agressão, atual ou iminente, a direito seu ou de outrem."

A legítima defesa é uma excludente de ilicitude, e a mais conhecida do público é a legítima defesa própria, que podemos chamar de matar para não morrer. Quando exercida para proteger outra pessoa, denomina-se legítima defesa de terceiro. Há outras modalidades e nomenclaturas, porém nenhuma delas incorpora a referida legítima defesa da honra. Por isso, esse termo pode até soar técnico-jurídico, mas não é. Basta ler o dispositivo legal acima transcrito para se concluir que ali não cabe essa "defesa da honra".

Tomemos, por exemplo, um feminicídio praticado por suposta traição da mulher. Que "uso moderado dos meios necessários" seria esse? Qual seria a injusta agressão repelida? Qual seria o direito protegido com essa atitude? Há legítima defesa com uso de violência para aplacar abalo emocional? Cada uma dessas indagações expõe a fragilidade da construção pseudojurídica da tese da legítima defesa da honra.

Não bastassem esses argumentos a respeito do tema, o Código Penal expressamente dispõe que a emoção ou a paixão não excluem a imputabilidade penal (art. 28, I).

Mesmo não tendo a legítima defesa da honra previsão legal, sua utilização talvez pudesse se dar por outro fundamento. Crimes intencionais contra a vida são da competência do Tribunal do Júri. O juiz togado preside a sessão de julgamento; no entanto, quem decide se o réu é inocente ou culpado são os jurados. Como não precisam ter conhecimentos jurídicos, são admitidos argumentos não jurídicos, o que tem base no princípio da plenitude da defesa. Daí o uso de discursos morais no júri. Estaria aí a possibilidade de aplicação da tese da legítima defesa da honra.

Contudo, o Supremo Tribunal Federal, em março de 2021, mês da mulher, em Arguição de Descumprimento de Preceito Fundamental proposta pelo Partido Democrático Trabalhista (ADPF 779), com relatoria do ministro Dias Toffoli, pôs uma pá de cal sobre o assunto ao decidir, por unanimidade, que a alegação dessa "legítima defesa da honra" fere a Carta Magna por contrariar princípios constitucionais como dignidade da pessoa humana, proteção à vida e igualdade de gênero. Por isso, advogados estão doravante impedidos de sustentar, direta ou indiretamente, essa tese.

Esse julgamento do Supremo é um marco importante, pois rompe com valores da cultura machista e reafirma a necessidade de se coibir a violência de gênero. De fato, não tem cabimento se cogitar de a honra de alguém estar centrada no comportamento de terceira pessoa. Tampouco se pode admitir a existência de um direito subjetivo de agredir ou matar. Além disso, o objetivo da tese da legítima defesa da honra ficou bem claro: proteger homens que praticavam violência contra mulheres.

Homens abusadores agora terão que buscar outras escusas para seus atos de covardia. O ideal seria que controlassem seus impulsos, rompendo assim o ciclo de violência do qual fazem parte. Afinal, com o fim da tese da legítima defesa da honra, sepulta-se uma concepção equivocada e consagra-se, ainda que tardiamente, que não há honra em se tornar um assassino.

QUEBRANDO O CICLO DA VIOLÊNCIA[10]

(O Dia, em 16/06/2021)

Pedro cresceu em uma família com um pai dominante e uma mãe subserviente. Assistiu por muitas vezes às agressões dele contra ela. Mas, criança que era, restava-lhe o papel de testemunha passiva. Aliás, duplo papel, pois essa violência no seio da família também lhe vitimava.

Pedro cresceu e formou seu próprio núcleo familiar. Ainda que se considere menos bruto que seu pai, também agride sua companheira e, por esse motivo, foi preso em flagrante, vindo a responder à ação penal. Tal e qual seu pai, fez de sua filha de 9 anos de idade a dupla vítima de seus momentos de fúria.

Pedro poderia ser apenas um personagem criado, mas, embora seu nome seja outro, ele existe, pois foi um dos entrevistados pelas historiadoras Elisiane Chaves e Lorena Gill, que escreveram o artigo "Histórias de agressores de mulheres julgados por violência doméstica da Comarca de Pelotas (RS)" (Estudios Históricos – CDHRPyB – Año VIII – Diciembre 2016 – Nº 17 – Uruguay).

Na verdade, existe um batalhão de Pedros, o que é confirmado por números do Ministério da Mulher, da Família e dos Direitos Humanos, que mostram que, no Brasil, só no ano de 2020, o Ligue 180 e o Disque 100 receberam 105.821 denúncias de violência contra a mulher. Portanto, quase 300 denúncias de violência por dia nessas duas plataformas, fora o que foi registrado diretamente em outros canais, sem contar a denominada cifra oculta, representada pelos casos que não foram reportados.

O inverso não existe ou, se existe, não tem relevância estatística nem sociológica. É que a sociedade tem raízes na família patriarcal, marcada pela dominação do homem e subjugação da mulher. Esse patriarcalismo traz consigo o machismo, que se reflete na língua, na literatura, nas artes, nas instituições, enfim, em todos os lugares.

O machismo se sustenta na desigualdade, na assimetria de poder, e é o pai da violência de gênero. A criança exposta a essas agressões, que assiste à mãe ser martirizada, é candidata a se tornar reprodutora de violência, como algoz, como vítima ou como o adulto omisso que replica os três macacos que representam o "não vejo, não ouço, não falo".

Pedro, quando criança, respirou a violência doméstica. Adulto, reproduziu esse comportamento. Sua história é exemplo de que não existe violência inventada. Violência é violência reproduzida. Assim, é necessário romper com o ciclo da violência e, para que isso ocorra, precisamos falar sobre esse tema que é antigo, árido e urgente.

O homem que reproduz a crueldade que vivenciou quando menino não precisa se tornar réu em ação penal para começar a pensar. A chave é a alteridade, rejeitando comportamentos que causem mal. Quebrar o ciclo da violência é possível, é necessário e é a porta da esperança para um mundo menos desigual. Um mundo em que o machismo pertença apenas ao passado. Um mundo, portanto, muito melhor para elas. E para eles também.

NÍSIA FLORESTA, UMA HEROÍNA BRASILEIRA[11]

(Monitor Mercantil, em 25/06/2021)

Nísia Floresta - Ilustração publicada com o artigo

Nasceu em Papari, no Rio Grande do Norte, no início do século 19. Intelectual, poetisa e educadora, Dionísia Gonçalves Pinto foi a primeira escritora feminista brasileira. Aliás, feminista, abolicionista e republicana. Uma alma luminosa que elegeu como objetivo de vida a luta contra os pensamentos obtusos de sua época e, para divulgar mais livremente suas ideias, então consideradas radicais, usou pseudônimos, dentre eles Nísia Floresta Brasileira Augusta ou, como preferia, simplesmente Nísia Floresta.

Tinha 22 anos quando de seu primeiro livro, *Direito das mulheres e injustiça dos homens*, publicado em 1832. Escreveu vários outros e, no Rio de Janeiro, fundou o Colégio Augusto, uma instituição de ensino para meninas que, além das prendas do lar, lecionava disciplinas constantes dos currículos das melhores escolas da época e que só admitiam meninos. Rivalizar academicamente com essas escolas rendeu-lhe críticas, sempre recheadas de preconceitos. Depois se mudou com a família para a Europa e seguiu escrevendo.

Em *Opúsculo Humanitário*, lançado em 1853, Nísia nos leva a um passeio pelo papel da mulher ao longo da história e nas diferentes culturas. A obra clama pela emancipação das mulheres e pela universalização da educação. Registra que, quanto mais acesso à educação têm as mulheres, mais avançada é a sociedade.

Em seguida, eleva seu olhar para o porvir, consciente de que a grande caminhada se faz de incontáveis passos: "A esperança de que, nas gerações futuras do Brasil, ela assumirá a posição que lhe compete nos pode somente consolar de sua sorte presente". Elege como paradigma do seu trabalho de construção o "pobre e corajoso explorador de nossas virgens florestas, exposto aqui e ali à mordedura de venenosos répteis, para rotear um campo que outros terão de semear e de colher-lhe os saborosos frutos".

Passados quase 2 séculos desde o primeiro livro de Nísia, números sobre o ano de 2019 da Pnad Contínua, do IBGE, revelam que 51% das mulheres passaram a ter pelo menos o ensino médio completo, enquanto esse percentual foi de 46,3% entre os homens. A pesquisa indica que ambas as proporções têm apresentado aumento desde 2016 e que é mais acelerada entre as mulheres.

Considerada a faixa etária de 25 anos ou mais, 17,4% da população brasileira concluiu curso superior, com predominância das mulheres tanto em números absolutos quanto em relativos. O estudo mostra também que o acesso à graduação superior é ainda maior entre as mais jovens. Portanto, a tendência é que, com o passar do tempo, muitas mais mulheres concluam curso universitário.

A educação, outrora disponível a eles e interditada a elas, é agora direito de ambos. Educação, porta para a igualdade de gênero. Educação, que propicia a participação das mulheres no mercado de trabalho e o seu acesso a postos importantes. Participação essa que leva ao empoderamento da mulher, a resultar na melhor partilha do poder e, assim, em uma sociedade com menos violência de gênero.

Nísia Floresta sabia disso e lutou por isso. No campo do direito das mulheres à educação, foi como aquele intrépido desbravador que tinha ciência de que não veria o resultado de sua ação no seu próprio tempo. Não atua no interesse individual, mas no plano coletivo. Não faz por si, mas pelos que vêm depois.

Pioneira que foi, é conhecida das feministas. Mas precisamos de mais feministas, homens e mulheres. Só então frutificará, em sua plenitude, a semente plantada por Nísia, que deve ser, como merece, visível ao público em geral e, ainda que com atraso, reconhecida como heroína nacional.

AS BODAS DE CRISTAL DA LEI MARIA DA PENHA[12]

(Consultor Jurídico, em 19/07/2021)

O assassinato de mulheres em razão do gênero ocorre em todos os lugares. No Brasil, foram 1.338 vítimas fatais no ano de 2020. Portanto, 111 por mês, ou quase quatro por dia. Outra constatação é que a maioria desses crimes foi praticada por atuais ou ex-companheiros. É o que revela levantamento da *Folha de S. Paulo* realizado perante as secretarias de segurança pública das 27 unidades da federação.

Entretanto, não se pode dizer que essa mortandade não resulte consequências para os assassinos. A sanção penal imposta ao condenado é alta, podendo chegar a 45 anos de reclusão, sendo que a progressão de regime exige cumprimento de metade da pena e a concessão de livramento condicional está vedada desde o início de 2020, quando entrou em vigor a Lei 13.964, denominada de pacote "anticrime".

A lei penal vem sendo agravada para os feminicidas e o grande impulso para essa evolução legislativa foi dado pelo caso emblemático de Maria da Penha Maia Fernandes, cujo marido agressor recebeu pena de seis anos de reclusão por homicídio tentado e obteve a liberdade após cumprir apenas dois. A vítima, que ficou paraplégica em razão do crime, e o Centro pela Justiça e pelo Direito Internacional apresentaram denúncia à Comissão Interamericana de Direitos Humanos, alegando que o Brasil tinha sido tolerante com os delitos praticados pelo ex-marido contra ela e, assim, ignorado convenções internacionais das quais era signatário.

A Comissão Interamericana acolheu a denúncia e considerou que o país, por omissão, violou direitos e descumpriu deveres, advindo recomendações que redundaram na edição da Lei 11.340, de 7 de agosto de 2006, que ficou conhecida como Lei Maria da Penha, diploma que trouxe várias novidades, entre elas a definição de violência doméstica e familiar contra a mulher e o reconhecimento de que essa violência agride direitos humanos.

A Lei Maria da Penha sofreu diversas modificações que, na verdade, representam seu aprimoramento, consequência natural da dura realidade das mulheres e do debate contínuo sobre o assunto. Entre as inovações, há a possibilidade do afastamento do agressor do lar pelo delegado, quando o município não for sede de comarca, e também pelo policial, quando, na hipótese anterior, não houver delegado disponível no momento da notícia do fato. Recente alteração na Lei Maria da Penha e no Código Penal é a criminalização da violência psicológica contra a mulher.

As reformas legislativas para desestimular a violência de gênero são bem-vindas, mas muitas vítimas não conhecem as leis ou não confiam nas instituições o suficiente para se dirigirem a elas. O desafio para a melhora desse quadro é de toda a sociedade. A mulher enredada em situação de dominação precisa saber que não está sozinha e que não é a primeira a viver dramas e medos impingidos pelo companheiro ou por outro homem com quem tem ou teve vínculo afetivo.

Quebrar o silêncio é difícil para a vítima, mas é necessário. A mulher agredida deve ser incentivada a conversar sobre sua situação com as pessoas de sua confiança em seus círculos de amigos e parentes. Entrar em contato com a Central de Atendimento à Mulher (Disque 180) também se apresenta como uma ótima opção, pois terá ali uma escuta qualificada e que poderá lhe orientar.

A lei que leva seu nome está completando 15 anos. Que bom que a temos, mas a estrada é longa e disso bem sabe Maria da Penha, que fez de sua dor um farol para iluminar a escuridão de tantas mulheres subjugadas por seus companheiros. Ela, melhor do que ninguém, tem ciência de que o assunto é grave e urgente.

Que o exemplo de seu ativismo contagie todas as pessoas para que um dia a proteção das mulheres seja socialmente inata e que essa violência exista apenas na história.

MÚSICA MACHISTA, NÃO![13]

(Monitor Mercantil, em 23/07/2021)

Faço minha caminhada virtual matinal e esbarro com uma sigla que não conhecia: MMPB. Não, não é MPB, mas MMPB, mesmo, e significa Música Machista Popular Brasileira. Entrei no site e percebi que o objetivo é expor o machismo impregnado em algumas canções. Não se trata de expor para divulgar, mas para conscientizar.

O machismo está na sociedade e é a base de ideias e práticas que valorizam o homem e desvalorizam a mulher. As artes refletem a sociedade, mas isso não quer dizer que estejam deliberadamente a serviço de uma causa machista. No caso da música, haverá composições com essa conotação, como também haverá canções exprimindo o contrário, ou seja, pela igualdade e contra a discriminação. Afinal, a arte é onde surgem movimentos de vanguarda, que questionam preconceitos e tabus.

Entendi então que o mmpb.com.br é apenas uma proposta para uma leitura crítica de músicas com carga machista. É uma contribuição para o debate da igualdade de gênero e do respeito à mulher. O próprio site se explica: "Por trás de toda música 'inocente', o reflexo de uma sociedade machista". E segue: "Ah, o poder da música... Há quem ainda ignore, mas a música é um produto cultural que retrata e reflete o quanto nossa sociedade caminha a passos lentos com relação ao respeito à mulher enquanto indivíduo."

Teclo no ícone "dá um shuffle" e vem a música *Já já*, do compositor Sinhô, cuja primeira estrofe é: "Se essa mulher fosse minha / Apanhava uma surra 'já já' / Eu lhe pisava todinha / Até mesmo eu lhe dizê 'chegá'".A mulher aqui é tratada como propriedade do homem e como se ele tivesse o direito de a agredir. Depois vem outra ameaça: "O teu cabelinho à inglesa / Eu mandava raspar 'já já' / Depois lixava a cabeça / Até ela gritar 'chegá'".

Mas essa obra é antiga, tanto que seu autor faleceu há quase 1 século. O próprio site destaca essa relação no sentido de quanto mais antiga a canção maior a chance de conteúdo dessa natureza. A antiguidade, entretanto, não desfaz a mensagem.

Novo shuffle e aparece uma música bem mais recente, *Taca cachaça*, de MC Edy Lemond, cujo refrão é "Taca cachaça que ela libera", que não deixa dúvida: embriagar a mulher para conseguir sexo. De um lado, a mulher-objeto, de outro, o homem predador se valendo de qualquer artifício para submetê-la à sua vontade. Outra busca e temos *Lei do retorno*, de MC Don Juan, com o verso "vou te comer e abandonar", a dispensar comentário.

Mais uma chamada e surge *Cabocla Tereza*, com letra de João Pacífico, que, gravada por diversos famosos, traz a história de um feminicídio contada pelo vingador assassino. A lista é longa, e nela há músicas nas quais o preconceito de gênero aflora já no título, como *Mulher não manda em homem*, *Vai, faz fila* e *Ajoelha e chora*.

Nas artes, na literatura, na política, onde for, rejeitemos o machismo que nos circunda e muitas vezes nos chega de forma subliminar. É erva daninha que nos emaranha e sufoca. Façamos isso por uma sociedade menos desigual. E façamos isso já.

O SINAL VERMELHO PODE SALVAR VIDAS[14]

(O Dia, em 06/08/2021)

A ONU Mulheres, braço das Nações Unidas para a igualdade de gênero e o empoderamento feminino, divulgou em seu site que, no ano de 2018, uma em cada sete mulheres com idades entre 15 e 49 anos foi vítima de violência física e/ou sexual praticada pelo companheiro ou parceiro íntimo. Indicou, ainda, que houve aumento desses crimes com a pandemia da Covid-19.

Restrição da mobilidade e isolamento social são algumas das causas apontadas para o aumento da vulnerabilidade da mulher no lar. Afinal, o maior convívio com o companheiro abusivo a expõe a mais violência e também compromete sua liberdade de ação para pedir ajuda.

Pensando nisso, o Conselho Nacional de Justiça (CNJ) e a Associação dos Magistrados Brasileiros (AMB), em junho de 2020, lançaram a campanha Sinal Vermelho contra a Violência Doméstica. Um sinal vermelho apresentado por uma mulher, em locais como farmácias, agências do Banco do Brasil e órgãos públicos, é o código de que precisa de auxílio contra um abusador.

O sinal vermelho é um "X" e pode ser feito com batom ou caneta na palma da mão ou em um pedaço de papel. Ao vê-lo, a pessoa que estiver atendendo essa vítima fará contato com a autoridade policial.

A campanha ecoou em diversas Casas Legislativas estaduais, que transformaram o sinal vermelho em lei, como Acre (Lei 3.736/2021), Distrito Federal (Lei 6.713/2021), Espírito Santo (Lei 11.243/2021), Goiás (Lei 21.001/2021), Paraíba (Lei 11.779/2021), Paraná (Lei 20.595/2021) e Rio de Janeiro (Lei 9.201/2021).

Várias Câmaras Municipais também aprovaram normas semelhantes. Com variações, essas leis preconizam o protocolo de atuação diante do uso do sinal vermelho pela vítima, com a rede envolvida tomando as providências necessárias e contatando a Polícia Militar (190), a Policia Civil (197) ou a Central de Atendimento à Mulher (180).

A AMB, sensibilizada com a temática, preparou o Pacote Basta, que contém medidas de combate à violência contra mulher, e uma de suas proposições era a criação do Programa de Cooperação Sinal Vermelho Contra a Violência Doméstica. Esse pacote foi entregue ao Congresso Nacional e resultou na Lei 14.188, de 28 de julho de 2021. Decerto que as iniciativas dos entes estaduais e municipais foram importantes, mas a lei federal dá ao Sinal Vermelho um impulso universalizador.

O sinal vermelho, como qualquer boa ideia, precisa ser popularizado. Só assim as vítimas saberão que têm esse instrumento à sua disposição e, quando usá-lo, a pessoa do outro lado do balcão entenderá a mensagem.

Estejamos atentos ao sinal vermelho e a qualquer outro pedido de socorro. Pode ser a diferença entre a vida e a morte, seja durante a pandemia, seja depois dela.

EMPODERAR É PRECISO[15]

(JOTA, em 18/08/2021)

A escritora nigeriana Chimamanda Ngozi Adichie aponta que há diferenças biológicas entre homens e mulheres. Dentre elas, homens têm mais testosterona e geralmente são fisicamente mais fortes. Destaca também que já fez sentido o mundo ser governado pelos homens, em épocas em que a força física era a característica mais importante para a sobrevivência. Mas esse tempo já passou, nós evoluímos e os atributos determinantes para alguém ser líder não são mais hormônio nem músculo. São outros, como inteligência, inovação e criatividade, traços igualmente compartilhados por ambos os sexos.

Entretanto, a presença feminina em posições de poder ainda é modesta. Considerados chefes de Estado ou de governo, apenas 6,3% dos líderes globais eram mulheres em 2018. De acordo com a ONG *Catalyst*, somente 5,8% das 500 maiores empresas listadas no *S&P Dow Jones Indices* tinham mulheres na posição de CEO em janeiro de 2021.

A participação desigual da mulher em postos-chave é ainda consequência de um passado em que ela foi subjugada pelo homem e lhe era negado acesso a vários aspectos da vida social. Não podia ir à escola, era vítima de casamento forçado, não podia votar nem ser votada e, quanto ao trabalho, sem que tivesse escolha, era usualmente destinada às prendas domésticas. Infelizmente, interdições e obstáculos em seu desfavor ainda perduram.

Por isso, a Organização das Nações Unidas (ONU), nos Objetivos de Desenvolvimento Sustentável (ODS), que fazem parte da Agenda 2030, incluiu a igualdade de gênero e o empoderamento feminino. Dentre seus alvos, está a eliminação de todas as formas de discriminação de gênero em todas as partes do mundo, assim como a garantia de participação efetiva das mulheres e igualdade de oportunidades para exercer liderança em todos os níveis da vida política, econômica e social.

O tema traz à baila o acrônimo ESG, bastante em voga no momento, que significa *Environmental, Social and Governance* (Ambiental, Social e Governança), usado pela primeira vez por Kofi Annan, quando secretário geral da ONU, em 2004, ao convocar as maiores empresas financeiras a adotarem padrões de integridade na condução de suas atividades.

As preocupações com essas questões não são novas, mas certamente foram impulsionadas nos últimos anos. A ideia é que a empresa não deve perseguir lucro a qualquer preço. Sua atuação deve estar pautada pela responsabilidade social, ambiental e pelas boas práticas de governança.

No aspecto social, há a necessidade da diversidade e de defesa dos direitos humanos. A diversidade produz melhores resultados porque traz mais pontos de vista para os processos decisórios. Quanto aos direitos humanos, a diretriz é que as empresas cumpram ditames, dentre outros, da Declaração Universal dos Direitos Humanos e das Convenções da Organização Internacional do Trabalho, e exijam o mesmo de seus parceiros.

Essas Práticas ESG conclamam as empresas a diversas atuações, como o combate ao trabalho infantil, ao trabalho escravo e a reedição de seus processos seletivos com vistas a priorizar o recrutamento de mulheres e minorias.

Exemplo recente de inclusão foi dado pela Nasdaq, que, no final de 2020, passou a cobrar das empresas nela listadas ao menos uma mulher na diretoria, além de diversidade nos conselhos. Aquelas que não atenderem a essa orientação terão que justificar sua decisão para permanecerem nessa bolsa de valores.

A BlackRock, maior gestora de ativos do planeta, é uma corporação que se destaca por exigir que as empresas nas quais investe sigam a Agenda ESG. Seu conselho é integrado com diversidade de gênero, etnia, idade, experiência profissional e localização geográfica. Em julho de 2021, a BlackRock anunciou que o comando da unidade no Brasil está a cargo de Karina Saade, primeira mulher a ocupar essa posição.

Decerto que tanto as metas estipuladas pela ONU quanto a Agenda ESG envolvem, antes de tudo, mudanças culturais, desafio esse que não devemos temer, pois, como lembra Chimamanda, são as pessoas que transformam a cultura.

A igualdade de gênero e o empoderamento feminino, previstos na Agenda 2030 da ONU e nas Práticas ESG, são as justas reivindicações de Chimamanda e demais lideranças feministas. Igualdade e empoderamento que, inseparáveis, são requisitos para que um dia sejamos uma humanidade sustentável.

DELEGACIA DA MULHER, UMA NECESSIDADE[16]

(Consultor Jurídico, em 26/08/2021)

A mulher, em todos os tempos e lugares, tem sido vítima de violência doméstica e, na maioria das vezes, o agressor é o homem com quem tem ou teve vínculo afetivo. Relatos dessas vítimas mostram sua descrença nas instituições, preferindo não registrar as agressões ou, quando o fazem, demonstrando insatisfação por considerarem o ambiente policial adverso e/ou porque não advém a consequência esperada.

Há histórias de mulheres que procuraram a delegacia e ali não foram levadas a sério ou então foram maltratadas pelos policiais com perguntas do tipo: *"O que você fez para ele te bater?"*. Ocorre uma segunda violência, que é chamada de vitimização secundária. A primária é aquela causada pelo autor do fato quando praticou o crime e a secundária é a do agente público que, ao invés de fazer seu trabalho, não dá importância à vítima ou a trata com desrespeito.

O movimento feminista de muito reclamava a criação de delegacias voltadas para o atendimento da mulher, com equipamentos adequados e pessoal treinado para melhor receber e amparar a vítima de violência.

Surge, então, a Delegacia Especial de Atendimento à Mulher, também chamada de Delegacia de Defesa da Mulher ou simplesmente Delegacia da Mulher (Deam), sendo que a primeira foi instalada em 6/8/1985 na cidade de São Paulo. Em sequência, outras unidades da federação inauguraram Deams, inicialmente nas capitais.

A proposta é oferecer uma escuta qualificada, com mulheres policiais atendendo as vítimas, a contribuir para uma recepção mais acolhedora e sem preconceito. Vejamos o caso de Rose, que recorreu à Deam.

Ela era vítima continuada de um ex-namorado que infernizava sua vida com ameaças, humilhações e agressões físicas. Venceu o medo, procurou a Delegacia da Mulher, obteve medida protetiva e passou a viver em paz. Suas palavras: *"Sempre que fico sabendo de uma história dessa natureza, conto o que já passei e encorajo outras mulheres a irem à delegacia e a reagirem porque, para mim, a Justiça funcionou"* ("Dossiê das Delegacias da Mulher", *Revista AzMina*, em 31/10/2016).

Outro caso de satisfação com a Deam é o de Ana Cláudia, que já tinha recebido várias ameaças de morte de seu companheiro. Um dia, assustou-se quando encontrou uma cova em seu quintal feita por ele e procurou a autoridade policial: *"Eu só estou viva hoje porque procurei ajuda, eu fui na delegacia da mulher e eles me encaminharam para o abrigo"* ("'Ele cavou uma cova para mim', diz mulher vítima da violência", *G1*, em 30/7/2020).

A Constituição Federal de 1988 entrou em cena, dando mais substrato à Delegacia da Mulher, notadamente por afirmar a igualdade de direitos e deveres entre homens e mulheres (artigo 5º, I), assim como o dever de o Estado assegurar assistência à família e de criar mecanismos para coibir a violência familiar (artigo 226, § 8º).

Em vigor desde 2006, a Lei Maria da Penha consagrou a importância das Delegacias de Atendimento à Mulher como um dos instrumentos de política pública para coibir a violência doméstica e familiar, inclusive incentivando sua criação (artigos 8º, IV, 12-A e 35, I).

Infelizmente, nem todas as cidades contam com Deams. Na verdade, a grande maioria não as tem, como revelam dados da Pesquisa de Informações Básicas Municipais (Munic), do IBGE, que indicam que, em 2018, apenas 8,3% das cidades brasileiras dispunham de Delegacia da Mulher.

O Projeto de Lei 781/2020, de autoria do senador Rodrigo Cunha (PSDB-AL), tem como um de seus objetivos exatamente propiciar condições para ampliação do número de Deams e, para tanto, prevê o uso de recursos do Fundo Nacional de Segurança Pública (FNSP). Outro foco desse projeto de lei é que as Deams funcionem ininterruptamente, pois, segundo o senador Fabiano Contarato (Rede-ES), *"apenas 15% das delegacias especializadas existentes funcionam 24 horas por dia"* ("Senado aprova projeto que prevê funcionamento ininterrupto para todas as delegacias da mulher", *G1*, em 11/3/2021).

O PL 781 dispõe ainda que o atendimento às vítimas ocorra em sala reservada e preferencialmente por policiais do sexo feminino, que deverão receber treinamento para permitir que sejam as vítimas recebidas de forma eficaz e humanitária. Nesse ponto, reafirma o artigo 10-A, *caput*, da Lei Maria da Penha, que determina que, em qualquer delegacia, o atendimento seja prestado por servidores preferencialmente do sexo feminino e previamente capacitados.

O ideal é que apenas mulheres atuem na Deam, mas as leis têm insistido em servidores "preferencialmente" do sexo feminino, e tal se dá porque o efetivo da Polícia Civil é composto majoritariamente por homens, o que dificulta a manutenção de um quadro exclusivamente feminino.

Passadas quase quatro décadas desde a primeira Deam, soa tímido que tão poucas cidades tenham sido contempladas com essa delegacia. Precisamos instalar novas e reforçar as existentes, com portas abertas 24 horas por dia, em respeito à Constituição, à lei e, o que é fundamental, à demanda social. Afinal, a violência contra a mulher é grave, urgente e a vítima não pode esperar.

FEMIRRACÍDIO[17]

(O Dia, em 04/09/2021)

Quando ouvi a palavra feminicídio pela primeira vez, soou-me estranha e pesada. Mas intuí de pronto o que significava. É o assassinato de uma mulher praticado em razão do gênero. Ouvindo-a outras vezes, não estranhei mais o som. Porém, o ato ao qual se refere me causa repulsa, como decerto causa na grande maioria das pessoas.

A mulher, na sociedade patriarcal e machista, está em desvantagem. Seu assassinato por um homem que, ao seu inverso, está em vantagem na estrutura social, evidencia o ápice de uma assimetria.

Escuto uma nova palavra: femirracídio. Pareceu-me mais pesada que a anterior, até por conta da letra r dobrada, mas não compreendi seu significado de pronto.

O artigo Femirracídio no Brasil, da professora Raquelli Natale, esclarece a dúvida. É a combinação dos radicais "fem", que se refere a feminino, e "rac", do italiano razza (raça), mais o sufixo "cídio", que exprime a ação que provoca morte. Natale explica que nem todo assassinato de uma mulher negra será femirracídio. Mas o será quando o crime atingir a mulher negra porque é mulher negra.

O injusto fardo sobre os negros tem raízes históricas. Afinal, a escravidão grassou nas Américas e o Brasil foi o último país a dela se despedir, sendo necessárias muitas gerações para correção das desigualdades decorrentes desse sistema baseado na violência e na coisificação das pessoas. Porém, esse fardo é ainda mais pesado para a mulher negra, que enfrenta uma dupla barreira social.

A filósofa Sueli Carneiro, em depoimento para o Portal Geledés, destaca exatamente esse ponto, que são as duas opressões que a mulher negra sofre, a de gênero e a de raça, a resultar em um confinamento perverso.

Navegar nesse ambiente de estrangulação social é um desafio para a mulher negra, que ainda encontra reflexo de sua condição desfavorecida na estatística criminal, a indicar seu maior risco de ter a vida ceifada.

As mulheres negras não são uma maioria na população geral feminina, mas estão super-representadas na estatística de feminicídio, como confirmam números do 15º Anuário Brasileiro de Segurança Pública. Em 2020, foram registrados 1.350 feminicídios, sendo que 61,8% das vítimas eram negras, a chancelar o determinismo fatal a rondá-las.

De fato, apresenta-se apropriada a palavra femirracídio para exprimir essa dura realidade que ataca seletivamente a mulher negra. Compreendido o conceito, impõe-se que a mulher negra ocupe, como de direito, o centro do debate e de ações protetivas em seu favor, de forma a se combater essa iniquidade social.

Ao receber a merecida e atrasada atenção, daremos um passo para nos tornarmos uma sociedade mais civilizada e justa, afastando-nos da vergonha histórica que foi a escravidão, mas sem negá-la. Assim, poderá chegar o dia em que o conceito expresso em femirracídio não fará mais sentido. Oxalá!

NOTÍCIAS QUE CHOCAM[18]

(Monitor Mercantil, em 08/09/2021)

Não ficamos uma semana sem tomar conhecimento pela imprensa de algum caso chocante de agressão ou morte da mulher pelo atual ou ex-companheiro. Tem ácido no rosto, pulmão perfurado por chave de fenda, vítima espancada enquanto segura o bebê, assassinato de grávida e até cabeça separada do corpo e enterrada no quintal. A residência do casal costuma ser um dos palcos preferidos desses agressores, mas os crimes podem ocorrer em qualquer lugar, como praça pública, shopping center, dentro do carro e até na igreja.

A lei penal se tornou mais rígida, mas o rigor da lei parece não ter causado, ao menos ainda, o desejado desestímulo à prática desses delitos.

Seria a cultura machista na qual somos criados um fator para produzir homens misóginos? O psicoterapeuta Adam Jukes, autor de *Why Men Hate Women*, diz que sim. Segundo ele, o desenvolvimento de meninos e meninas é assimétrico. É que meninos precisam aprender como serem masculinos, e as meninas, não. E ser masculino, nesse aprendizado social, é ser forte, competitivo, ousado e até mesmo agressivo. É ser o oposto de sua mãe. É ser como seu pai ou a figura masculina a ocupar esse posto.

Outra característica da cultura é a violência. Como nossos vizinhos, somos um país que sofreu um processo de invasão, dominação e sucessão dos povos ameríndios pelos europeus. Custou a dizimação dos habitantes originais.

Tivemos também a escravidão, iniciada no século 16 com a implantação das Capitanias Hereditárias e, como aponta Laurentino Gomes, o Brasil foi a principal nação escravagista das Américas, recebendo 40% dos 12,5 milhões de africanos vítimas do tráfico negreiro.

Exterminando indígenas ou subjugando escravizados, estamos diante de processos que envolvem extrema violência, com pessoas sendo coisificadas, coagidas, maltratadas, torturadas e assassinadas. Ações violentas que ocorriam no cotidiano e aos olhos de todos. Ações violentas reputadas "legítimas", pois estavam de acordo com a ordem jurídica então vigente.

Essa drástica realidade histórica tinha embutida uma lição para todos: o forte bate e o fraco apanha. Ou então: quem tem poder faz o que quiser, e quem não o tem se submete. Equação simples de tentativa de sobrevivência do despoderado.

A população indígena minguou, e a escravidão teve seu fim decretado em 1888, o que não é tanto tempo assim. Aquela violência física não está mais no ar que se respira, como as marcas do ferrete não estão mais nas peles dos desfavorecidos, mas ambas ficam indeléveis no inconsciente coletivo.

A realidade é complexa e multicausal, mas os pontos aqui trazidos podem contribuir para a compreensão dos motivos de tanta violência em nosso seio. Violência do maior contra o menor. Violência do homem contra a mulher.

As notícias não cessam, mas ao menos têm o poder de nos chocar. É nossa obrigação combater essa fábrica de homens que odeiam mulheres e, para isso, precisamos desnaturalizar a violência histórica e, especialmente, a violência que nasce do machismo. É a esperança de dias melhores e as manchetes de jornal certamente os refletirão.

A VIOLÊNCIA CONTRA A MULHER E O SUICÍDIO[19]

(Consultor Jurídico, em 21/09/2021)

O suicídio, responsável por mais de um milhão de mortes por ano, segundo a Associação Brasileira de Psiquiatria (ABP) e o Conselho Federal de Medicina (CFM), é um grave problema de saúde pública. De acordo com a Organização Mundial da Saúde, é uma das principais causas de óbito no planeta, matando mais do que HIV, malária ou câncer de mama.

A ABP e o CFM, visando à conscientização e à prevenção do suicídio, lançaram a campanha Setembro Amarelo, criada em 2014. Cartilha publicada pelas duas entidades indica que a relação entre suicídio tentado e consumado é distinta do ponto de vista do gênero. Há aproximadamente três vezes mais mulheres do que homens a tentar o suicídio, mas os homens, em proporção similar, superam as mulheres em número de óbitos.

Um dos fatores para essa diferença é a letalidade dos métodos usados pelos homens, que estão mais familiarizados com armas de fogo e têm mais acesso a elas, escolhendo esse instrumento eficiente com mais frequência do que as mulheres.

Durkheim escreveu o clássico "O Suicídio" em 1897 e muitos estudos já foram realizados, mas continuamos a saber pouco sobre esse tema, que, como a morte em geral, é um assunto tabu.

Postas as diferenças de gênero e também o conhecimento limitado sobre a questão, examinemos o que é sabido sobre uma parcela desse universo, a das mulheres que são vítimas de companheiros abusivos e se autolesionam.

A professora Sylvia Walby, diretora do Centro de Violência e Sociedade da *City University of London*, aponta que no Reino Unido, com relação ao suicídio de mulheres, a média anual é de dez mil tentativas e 200 consumações, sendo que uma em cada oito tem histórico de violência doméstica e abuso.

Essa fotografia, entretanto, é provavelmente ainda mais contundente, pois essas pesquisas costumam enfrentar obstáculos, como investigações criminais que não avançam muito — a permitir que muitos suicídios não tenham a motivação esclarecida —, ou que, ainda que eventualmente, acabem classificando erroneamente um feminicídio como suicídio.

O Saúde Brasil 2018, publicado pelo Ministério da Saúde, traz diversos estudos e, quanto ao risco de óbito para mulheres com notificação de violência, considerado o período de 2011 a 2016, indica que a lesão autoprovocada foi um importante tipo de violência apurado, notadamente entre as mulheres adultas (30 a 59 anos) e idosas (60 anos ou mais). Aponta também que a violência crônica tem sido considerada um fator de risco para lesão autoprovocada, o que, a seu turno, é fator de risco para o suicídio.

Vejamos dois casos notórios ocorridos em diferentes países e que bem representam a relação mulher vítima de violência e autoextermínio.

Alexandra Reid, enfermeira, 30 anos, foi encontrada morta em sua casa em Anfield, Liverpool, em 24/2/2020, uma semana após ter procurado a polícia para reportar as violências que sofria do companheiro, Peter Yeung. As investigações indicaram que houve suicídio e que o ato extremo ocorreu exatamente em razão dessas agressões, que eram físicas, emocionais e financeiras, e que a vítima temia que não lhe dessem credibilidade. Peter foi réu em ação criminal que resultou na sua condenação por três infrações penais, sendo duas agressões e um crime de dano, recebendo penas de seis meses, quatro meses e um mês de prisão.

Alex, como era conhecida, não foi assassinada. Tirou sua própria vida. Mas o processo criminal que tramitou no *Magistrate's Court* de Liverpool deixou evidente que ela era uma vítima contumaz do companheiro, a indicar tenha sido esse o motivo de seu desespero, empurrando-a para o ato fatal.

Outro caso de suicídio bastante divulgado foi o da jovem marroquina Amina Filali, que foi estuprada aos 15 anos de idade e obrigada a se casar com o criminoso para que ele se livrasse da ação penal. Infeliz com aquele destino e se sentindo isolada por todos, tomou veneno, pondo fim à sua vida, o que provocou movimento que culminou na alteração do Código Penal do Marrocos em 2014, retirando-se dali o benefício que favorecia o estuprador.

A violência de gênero, como visto, ainda se faz presente nas várias sociedades e a mulher vítima de violência, especialmente aquela que se repete, está mais sujeita a se autolesionar e a repetição da autolesão é um dos caminhos que leva ao suicídio.

É através da igualdade de gênero que ocorre o processo de libertação, a significar mais mulheres trabalhando, ocupando postos-chave e também menos mulheres vítimas de violência de gênero. Logo, menos vítimas fatais, seja de feminicídio, seja de suas próprias ações motivadas tantas vezes pelo isolamento e pelo desespero.

A conscientização a respeito de tão grave problemática é fundamental para a alteração da triste estatística que a envolve. Conscientizar para reduzir o suicídio, de homens e de mulheres. Quanto a essas, cabe a todos nós apurarmos nossos sentidos para percebermos os pedidos de socorro que ocorrem no silêncio, especialmente os das vítimas crônicas de companheiros violentos, para que nossas ações não sejam tardias.

PANCADA DE AMOR DÓI E MATA[20]

(O Dia, em 28/09/2021)

Pancada de amor não dói, diz o ditado popular. Mas, será? Será que socos e tapas entre namorados ou companheiros não doem? Talvez a tal pancada de amor não se preste a exprimir exatamente ausência de dor, mas uma ideia de que agressões físicas ocorridas em um relacionamento seriam anestesiadas pelo afeto existente entre os envolvidos.

Sigamos e vejamos como a "pancada de amor" se encaixa em uma relação entre homem e mulher, sendo ele o agressor e ela a agredida, seleção de gênero que se justifica porque, na estrutura social, ele está em vantagem e ela em desvantagem. Além disso, ele costuma ter a preponderância física e também ser o provedor, a colocá-la em situação de desigualdade e de dependência financeira.

A situação da mulher fica ainda mais prejudicada pelo fato de que os desentendimentos de um casal ainda são vistos como uma questão privada, livre de interferências. Uma espécie de MMA com lutadores desiguais, sem regras nem árbitro. Como em briga de marido e mulher não se mete a colher, sofre a mulher, pois geralmente é a vítima, enquanto ele costuma ser o autor, como confirmam as estatísticas criminais.

Fato é que pancada causa lesões corporais e isso é crime. Essas lesões podem ser de diversas naturezas, classificadas em leves, graves e gravíssimas. Observemos um caso de cada, todos com decreto condenatório e, de acordo com a gravidade, maior a penalidade.

Ricardo de Souza Ribeiro, em Santo Antônio de Pádua (RJ) foi réu em ação penal por ter dado um soco no rosto da ex--companheira, causando-lhe edema (lesão corporal leve). A condenação foi de quatro meses e 20 dias de prisão.

Manoel de Sousa foi julgado na Comarca de Pombal (PB) por ter agredido a companheira e exposto sua vida a perigo (lesão corporal grave). O agressor, que deixou a vítima com um braço quebrado, foi condenado a dois anos e dois meses de reclusão.

João Batista Ramos Pereira, em Guaraí (TO) foi condenado porque agrediu a ex-mulher, arrancando-lhe as duas orelhas a dentadas, causando-lhe deformidade permanente (lesão corporal gravíssima). A sanção foi de quatro anos de reclusão.

Pesquisas revelam que uma característica recorrente nessas infrações penais é a sua repetição. "Até que a morte nos separe", realizado pelo Tribunal de Justiça de Roraima, é um desses estudos e seu objeto foi o feminicídio, considerando crimes ocorridos nos últimos cinco anos naquele estado. Revelou que o histórico de violências anteriores é um dos fatores de risco comum à maioria desses delitos. Pode-se assim concluir que uma pancada leva à outra e, um dia, pode ocorrer a pancada fatal.

Que não se olvide: de amor, existe beijo; pancada, nunca. Se seu namorado ou companheiro é agressivo, não se iluda, ele não gosta de você. E quem agride uma vez, agride outras. E é de pancada em pancada que muitas mulheres têm a vida ceifada. Afinal, pancada dói e também pode matar.

VIOLÊNCIA PATRIMONIAL, UMA OPRESSÃO ESCONDIDA[21]

(Consultor Jurídico, em 11/10/2021)

A violência de gênero tem atingido as mulheres ao longo da história. Trata-se daquela violência que faz da mulher vítima exatamente porque é mulher e pode ser de vários tipos. A mais óbvia é a física, como lesões corporais e feminicídio. A sexual também pode deixar vestígios, sendo o estupro o exemplo mais grave. Há também as violências psicológica, moral e patrimonial, sendo esta última a menos falada.

Vejamos como a modalidade patrimonial é definida na Lei Maria da Penha: *"Qualquer conduta que configure retenção, subtração, destruição parcial ou total de seus objetos, instrumentos de trabalho, documentos pessoais, bens, valores e direitos ou recursos econômicos, incluindo os destinados a satisfazer suas necessidades"* (artigo 7º, IV).

Essa transgressão ocorre quando se nega à mulher acesso a bens e direitos que são dela, sejam exclusivos ou em comunhão. É uma forma de dominação em que o abusador subjuga a vítima, empurrando-a para dificuldades, reforçando a dependência dela em relação a ele.

A violência patrimonial, também chamada de financeira, se materializa através de várias ações. Por exemplo: apoderar-se do cartão bancário dela, vender bens comuns sem dar a parte que cabe a ela, contrair dívidas em nome dela, apropriar-se do imóvel que seria do casal e destruir celular, roupas ou outros objetos.

Pesquisa realizada no estado do Rio de Janeiro, tendo como base o ano de 2018, publicada no «Dossiê Mulher 2019», apresenta os números apurados com relação a algumas dessas ocorrências. Na verdade, das que são reportadas, pois muitas vítimas acabam não procurando a polícia. Foram 2.743 mulheres vítimas de crime de dano, 2.223 tiveram seu domicílio violado e 364 tiveram algum documento suprimido, destruído ou ocultado. Quanto aos autores dessas infrações penais, o principal grupo, respondendo por 41,9%, era o dos companheiros (atuais e ex).

A violência patrimonial é uma tormenta na vida de muitas mulheres. A jornalista Clara Velasco, em matéria publicada no portal *G1*, entrevistou uma dessas vítimas, que disse: "*Eu via meus filhos passando necessidade, então tomei a atitude de arranjar um emprego em São Paulo, no Itaim. Quando consegui uma entrevista pra fazer faxina, ele quebrou meu celular e trocou o cadeado de casa pra não me deixar entrar*". Aqui temos duas violências patrimoniais: celular destruído e proibição de entrar no lar.

Artigo sobre o tema, de título "O fenômeno da violência patrimonial contra a mulher: percepções das vítimas", traz o seguinte depoimento: "*Ele quis que eu saísse da minha casa pra colocar a 'outra' pra morar na minha casa. Eu não aceitei aí deu confusão ele me tirou à força da minha casa que eu ajudei a construir*". Nesse relato, a mulher foi retirada do lar conjugal contra a sua vontade, o que configura crime de constrangimento ilegal. Afinal, o afastamento de um dos cônjuges do lar só pode se dar de forma voluntária ou por ordem judicial. A hipótese caracteriza violência patrimonial, pois ficou alijada de usufruir de um bem que também era seu.

Outro tipo de violência financeira e que costuma se repetir com frequência é a negativa de alimentos para a ex-mulher ou para os filhos sob sua guarda.

Quando era juiz da 1ª Vara de Família de São Gonçalo, no estado do Rio de Janeiro, em 2001, conduzi uma audiência para tentar conciliação em uma situação em que o alimentante não estava prestando os alimentos aos filhos. A ex-mulher e representante legal dos menores reclamava que o ex-marido tinha condições de pagar e não o fazia com o propósito deliberado de deixar aquele núcleo familiar em dificuldade. O alimentante, de início, negou aquela acusação, mas, na medida em que a conversa avançou, admitiu que não estava pagando os alimentos porque a ex-mulher "estava de namorado" e que ele não iria ficar dando dinheiro para bancar o "Ricardão". A mulher ficou furiosa, tendo replicado que ele já tinha outro relacionamento, além do que os alimentos não seriam para ela, mas para os filhos, e que o objetivo dele era se manter no controle.

De fato, aquele homem queria controlar a vida emocional da ex-mulher e também manter aquele núcleo sob seu jugo, asfixiando-o financeiramente, pois, embora os alimentos fossem para os filhos, a inadimplência atingia indiretamente a ex-mulher. Foi feito acordo na execução de alimentos e os atrasados foram pagos.

Impedir que a mulher estude ou trabalhe é outra forma de subjugação patrimonial, pois é um obstáculo para que ela alcance autonomia financeira.

A violência patrimonial costuma ocorrer nas sombras, é praticamente invisível. É como um garrote que vai sendo gradativamente apertado no pescoço da vítima. Portanto, é essencial que a mulher exposta a essa situação consiga se dar conta do que está acontecendo e aja o quanto antes.

A independência financeira é caminho importante para a redução das violências às quais está exposta. Quanto mais independente for a mulher, menor o controle dele sobre ela. Logo, maior o controle dela sobre sua própria vida.

Entretanto, não há garantia nem mesmo para a mulher financeiramente autossuficiente de que não será vítima, seja de violência patrimonial ou qualquer outro tipo. Por isso, diante dos primeiros sinais de abuso, deve procurar assistência jurídica de advogado ou defensor público, ou então se dirigir a instituições como Ministério Público e Juizado da Violência Doméstica e Familiar contra a Mulher, ONGs dedicadas ao assunto, além da Central de Atendimento à Mulher (Disque 180).

Estejamos sempre atentos à violência, inclusive para suas formas mais sutis, como tantas vezes é o caso da opressão financeira. Ao percebê-la, a vítima deve buscar ajuda imediatamente, pondo fim ao abuso e evitando sua repetição.

ESTRANGEIRAS POR FALTA DE OPÇÃO[22]

(Monitor Mercantil, em 11/10/2021)

Não é novidade que os seres humanos mudam de lugar. Há migrações voluntárias, mas há também um enorme contingente de pessoas compulsoriamente deslocadas de suas casas, de suas cidades e até de seus países em razão de fatos da natureza, como os terremotos no Haiti, ou de fatos da sociedade, como a guerra civil que ocorre na Síria desde 2011.

Haiti e Síria são exemplos atuais de nações de retirantes. Mas há muitos outros países cujas populações experimentam o deslocamento forçado.

A Agência da ONU para Refugiados (Acnur) aponta que a quantidade de pessoas obrigadas a se deslocar, dentro e fora de fronteiras nacionais, tem aumentado e que totalizava mais de 80 milhões em meados de 2020. Ou seja, mais de 1% da população mundial. Desse número, 26 milhões são refugiados e mais da metade são mulheres e meninas.

Além das guerras, das questões políticas e dos cataclismos, a violência doméstica é também um dos fatores que levam ao êxodo forçado, e casos de refugiadas que escaparam dessa violência estão retratados na publicação Mulheres em fuga, da Acnur.

O marido de Claudia era membro da Mara Salvatrucha, conhecida gangue de El Salvador. Segundo seu relato, ele a submetia à violência e a mantinha sob total controle. Mariela, do México, foi espancada pelo marido por muitos anos e tentou deixá-lo várias vezes, mas era perseguida e capturada, até que finalmente conseguiu fugir e entrar nos EUA. Outra refugiada, vinda de Honduras, reportou que era agredida pelo marido na frente dos filhos e que quase morreu em um desses episódios de brutalidade. Uma mulher da Guatemala contou que seu marido a mantinha encarcerada na residência do casal, agredindo-a verbal e fisicamente, inclusive com ameaça de faca no pescoço.

Essas mulheres vítimas de violência doméstica pelas mãos de seus companheiros sofrem da falta de proteção estatal. Não confiam nas instituições ou, quando as procuram, não encontram a resposta e o apoio esperados. O depoimento de uma das refugiadas bem reflete essa realidade. Narrou que estava ensanguentada na frente do policial, que, tomando o partido do agressor, lhe disse: "Bem, ele é seu marido". Outra vítima expôs que, quando a polícia chegou em sua casa e viu que era caso de violência doméstica, falou que o casal deveria resolver seus problemas entre si.

Há ainda relatos de agressores que são presos em flagrante, mas rapidamente ganham a liberdade, deixando as vítimas inseguras, com receio de que fiquem ainda mais agressivos.

Claudia, Mariela e muitas outras, todas vítimas de seus companheiros, sabem que manifestar a intenção de separação ou divórcio perante um homem agressor pode significar seu túmulo. Restou-lhes o afastamento, geralmente levando os filhos, indo para longe, inclusive deixando sua pátria. Fugir para se refugiar, refugiar-se para sobreviver. Sua viagem internacional não é de turismo, mas do renascimento possível, fadadas a continuarem suas vidas em outra terra, estrangeiras vitalícias por ausência de outra opção.

O CREPÚSCULO DA MULHER INVISÍVEL[23]

(Monitor Mercantil, em 28/10/2021)

É um pássaro? É um avião? Não, é o Super-homem! Era assim que começavam os episódios desse, que, sem ter asas, voava pelo espaço.

Histórias em quadrinhos e séries de televisão trazem personagens com superpoderes, quase todos do sexo masculino. Um deles é o Super-homem, nascido no planeta Krypton e enviado à Terra por seu pai biológico, que era cientista.

Há muitos outros, como Batman, Capitão América, Homem-Aranha, Homem de Ferro, Flash e Thor. Embora em minoria, o sexo oposto também tem supers, como Mulher Maravilha, Mulher-Gato e Mulher Invisível.

A diferença, entretanto, não está só na quantidade. O grupo dos rapazes apresenta poderes mais extraordinários, e a força física sobre-humana é uma característica da maioria deles. Outro aspecto é que eles nem sempre têm dotes de beleza e, para confirmar isso, basta olhar para Hulk, Hellboy, Monstro do Pântano e O Coisa.

As heroínas, por sua vez, são sempre lindas. A Mulher Maravilha parece que tirou primeiro lugar no concurso de Miss Universo. A Mulher-Gato, anti-heroína, mas muitas vezes parceira de Batman, com seu traje de couro preto e chicote, é uma figura sensual. Já a Mulher Invisível, quando está visível, usa a roupa bem colada no corpo, revelando silhueta perfeita.

O interesse principal aqui é exatamente nessa última, por conta de sua habilidade. Ela é especialista em não ser vista, a evocar metáfora com a posição secundária que o mundo dos homens destinou às mulheres ao longo da história. É claro que se trata de uma tremenda injustiça. Afinal, a trajetória humana foi construída por mulheres e homens.

Essa parcialidade está refletida tanto na linguagem quanto na história. Tomemos o exemplo do homem das cavernas, que viveu no Paleolítico. De pronto, é de se notar o sexismo embutido nessa designação, pois não se fala em mulher das cavernas, embora ela também estivesse lá.

Passemos então a uma proeza artística dessa época e que chegou até nós, que são as pinturas rupestres encontradas na Espanha e na França. Esse legado era creditado aos homens, supondo-se que, como eram caçadores, teriam usado as paredes como lousa, nelas desenhando estratégias para as caçadas. Mas o arqueólogo Dean Snow, da *Pennsylvania State University*, analisou os formatos das mãos impressas naqueles sítios, concluindo que a maioria daquelas pinturas foi feita por mulheres.

É apenas um exemplo da distorção da realidade a respeito da atuação de homens e mulheres no passado, a confirmar a regra de que, se há algum fato de destaque, até prova em contrário, atribui-se o protagonismo a "eles".

Fica aqui traçado um paralelo entre este nosso mundo de pessoas comuns, desprovidas de poderes especiais, e o mundo dos super-heróis. No primeiro, a mulher é invisibilizada desde o início dos tempos, sendo empurrada para a margem da história. No segundo, encontramos uma reprodução de estereótipos de gênero e, ainda que por infeliz ironia, há entre esses semideuses uma personagem que se chama Mulher Invisível.

Porém, não devemos temer as mudanças nem precisamos de pessoas com superpoderes para que ocorram. Assim como o homem das cavernas encontrou o crepúsculo, a invisibilidade imposta à mulher segue, inexoravalmente, para o mesmo caminho, a descortinar tempos bem mais felizes.

MAIS CASAS ABRIGO PARA AS VÍTIMAS[24]

(O Dia, em 04/11/2021)

Era uma vez um lugar em que a mulher era proibida de estudar, de trabalhar e de votar. Também não podia muitas outras coisas que ao homem eram permitidas. Por vezes, casava-se com alguém que não tinha escolhido. Devia obediência ao pai e, com o casamento, ao marido. Divórcio? Nem tinha. Separação? Morte social.

Não, não é uma história inventada. Essas interdições impostas à mulher existiam em muitos lugares e até outro dia. Aliás, algumas ainda ocorrem. A despeito de mudanças havidas, essas marcas da desigualdade de gênero e da subjugação da mulher pelo homem seguem entranhadas na cultura, à qual estamos todos expostos.

Essa fórmula social desequilibrada continua a produzir homens agressivos e mulheres deles dependentes, e, como consequência disso, muita violência, com saldo de vidas infelizes, mulheres agredidas e também vítimas fatais. O tratamento institucional para a violência doméstica contra a mulher tinha na linha de frente a polícia e nem tudo que ali chegava seguia para o Judiciário. Eis que surge, então, a primeira Delegacia Especializada de Atendimento à Mulher (Deam), no estado de São Paulo, em 1985. No ano seguinte, também em São Paulo, é instalada a primeira casa abrigo do país, o Centro de Convivência para Mulheres Vítimas de Violência Doméstica (Comvida). Assim, passamos a contar com dois instrumentos necessários para o enfrentamento dessa fábrica social que produz homens que transformam o lar em palco para seus atos violentos: Deam e casa abrigo. Trataremos aqui da segunda.

As casas abrigo foram multiplicadas e, ainda que se prestem a um acolhimento temporário, desempenham importante papel na proteção de mulheres e seus dependentes em situação de violência doméstica e familiar. Como estipula a Lei Maria da Penha, a autoridade policial, ao atender mulher nessa situação, tem um rol de providências que deverá tomar, entre elas, "fornecer transporte para a ofendida e seus dependentes para abrigo ou local seguro, quando houver risco de vida" (art. 11, III).

A juíza Cirlene de Assis, do Tribunal de Justiça do Estado do Tocantins e coordenadora do Comitê de Monitoramento do Combate e Prevenção à Violência Doméstica e Familiar contra a Mulher (CPVID), em entrevista à TV Anhanguera, destacou que, diante do pequeno número de abrigos, é usual que a vítima que necessita de proteção seja encaminhada para a casa de algum parente. A magistrada, entretanto, pontuou que muitas vezes essa vítima lhe pergunta: "Doutora, mas eu que sou a vítima e eu que tenho que fugir?".

De fato, afastar vítima e agressor é medida assecuratória importante, pois evita a repetição da violência e até de ocorrências mais graves, como o feminicídio. Porém traz ônus para aquela que já está em situação de fragilidade, ainda mais quando seu acolhimento depende de sua rede pessoal, que muitas vezes não quer se envolver, seja por achar que "briga de marido e mulher" é um problema exclusivo do casal, seja por também temer o agressor.

Depender de acolhimento na casa de amigo ou parente não deve ser a solução para quem necessita estar distante do transgressor. Afinal, é dever do Estado prover assistência à família "criando mecanismos para coibir a violência no âmbito de suas relações" (art. 226, § 8º, da CF) e a Lei Maria da Penha incentiva a criação e promoção de casas abrigo pelo Poder Executivo em suas três esferas (art. 35, II, da Lei Maria da Penha).

Proteger quem está com a vida em risco é a razão de ser da casa abrigo. Sua ampliação é fundamental na batalha que vítimas fragilizadas são obrigadas a travar com agressores incansáveis. Exatamente por isso a sociedade clama por mais abrigos, de maneira que o conjunto das instituições que devem proteção à mulher possam melhor cumprir suas funções, pois, como já sabido, as mulheres vítimas não devem ficar sozinhas nem perto daqueles que colocam suas vidas em perigo.

NÃO AO CASAMENTO INFANTIL, PROBLEMA QUE MERECE ATENÇÃO ESPECIAL DO ESTADO[25]

(Consultor Jurídico, em 08/11/2021)

Eunice Winstead e Charlie Johns se casaram no condado de Hancock, no Tennessee, Estados Unidos, em 1937. A cerimônia, celebrada pelo reverendo Wallace Lamb, correu normalmente, inclusive com direito a foto e sorrisos. Havia, entretanto, uma peculiaridade que não era propriamente a diferença de 15 anos de idade entre os nubentes, mas o fato de a noiva ser uma criança de apenas nove anos.

Uma decorrência usual do casamento infantil é a maternidade precoce e com a família Johns não foi diferente. O casal teve nove filhos, sendo que a primeira filha nasceu quando a senhora Eunice Winstead Johns tinha 14 anos.

A história de Eunice como *baby bride* ficou conhecida do público por conta do censo realizado nos EUA em 1940. O Tennessee, assim como vários outros estados norte-americanos, exigia autorização dos pais para o enlace de menores de 18 anos, mas não havia idade mínima quando essa autorização era concedida.

Um exemplo contundente de casamento infantil no lado de baixo da Linha do Equador é o de Valdineide Senna, 54 anos, de Itabuna (BA), que foi forçada pela família a colocar aliança no dedo quando ainda era criança. Entrevistada pela jornalista Helena Bertho (*UOL*), disse: *"Aos 11 anos, fizeram meu casamento. Não sei dizer por que, mas não foi escolha minha. Era um homem com o dobro da minha idade, do ambiente de trabalho da minha família. Em poucos meses, engravidei. Eu nem sabia o que era ter filho, mas, aos 12, tive minha primeira menina, uma boneca que pedia muitos cuidados"*. Como a de Eunice, a cerimônia de Valdineide também teve foto.

Encontramos casamentos prematuros em tempos e lugares diversos. A nobreza europeia, por exemplo, com sua tradição de manter anotações genealógicas, é um manancial de informações a revelar esse tipo de união. Meninas ainda em tenra idade eram prometidas, casando-se antes ou durante a adolescência. Os noivos poderiam ter idade próxima, mas também havia homens bem mais velhos. No caso, não estamos tratando apenas do casamento precoce, mas também do denominado casamento forçado, que é aquele em que ao menos uma das partes não escolhe a outra.

A propósito, de regra, casamento infantil e casamento forçado são os dois lados da mesma moeda. É exatamente por isso que a Declaração Universal dos Direitos Humanos, de 1948, em seu artigo 16º, impõe o respeito à idade núbil e estipula a proibição do casamento *"sem o livre e pleno consentimento dos futuros esposos"*.

O matrimônio infantil, infelizmente, não está erradicado. O Fundo de População das Nações Unidas (UNFPA) estima que 20% das jovens se casam antes dos 18 anos e 5% antes da idade de 15. Às vezes, pode se ter a impressão de que essa prática ocorre apenas em certos locais distantes, mas não é bem assim. Segundo estudo do Banco Mundial, são mais de 700 milhões de meninas submetidas ao casamento precoce, sendo que os países onde se verificam os maiores números são, nesta ordem: Nigéria, Bangladesh, Índia e Brasil.

Quanto à idade núbil, varia de país para país. Na América Latina, predomina a regra de 18 anos, com redução para 16 mediante autorização parental ou judicial. A legislação brasileira trazia exceções permissivas ao casamento de menores de 16 anos, mas em 2019 foram afastadas com a alteração do artigo 1.520 do Código Civil. Assim, o Brasil hoje segue a regra predominante nesta região do continente americano.

Seja no Brasil ou em outros países, há muitas jovens de idades variadas que vivem em união estável. Daí o Fundo das Nações Unidas para a Infância (Unicef) conceituar casamento infantil como qualquer união formal ou informal antes dos 18 anos de idade.

A união prematura de meninas e adolescentes é um sério problema em nossa sociedade e traz várias consequências, como gravidez precoce, evasão escolar, estupro marital, falta de especialização, desemprego e subemprego.

São muitos os dramas decorrentes do casamento infantil, razão pela qual o assunto merece atenção especial do Estado, ao qual cabe prover as políticas públicas visando à sua prevenção e também a minimização de seus efeitos para aquelas que, como Eunice e Valdineide, foram compelidas a trocar a meninice por um marido e, sem noção da armadilha, na hora da foto, sorriram quando deveriam ter chorado.

DIA INTERNACIONAL PARA A ELIMINAÇÃO DA VIOLÊNCIA CONTRA AS MULHERES[26]

(Monitor Mercantil, 24/11/2021)

Fonte: Casa Museo Hermanas Mirabal - Foto publicada com o artigo

A desigualdade de gênero atravessa os séculos e, apesar das conquistas, ainda subsistem iniquidades. Segundo a ONU, uma em cada três mulheres é vítima de violência física ou sexual ao longo da vida, sendo que esses números ficam ainda mais acentuados em situações de crise humanitária, que é quando ocorrem calamidades, sejam provocadas pela natureza ou pela mão humana.

Muitas violências de gênero seguem sob a bandeira da cultura ou do silêncio, como a mutilação genital feminina, o casamento infantil e o tráfico de mulheres.

Existe, portanto, uma seletividade que desfavorece as mulheres enquanto grupo e que precisa ser combatida. Por isso, para marcar essa luta, foi criado um dia para mobilizações e ações. Mas, antes de falarmos dessa data, vejamos a história de três mulheres corajosas que desafiaram um regime ditatorial e foram brutalmente assassinadas.

O caso emblemático ocorreu na República Dominicana, em 1960. Patria, Maria Teresa e Minerva, conhecidas como as Irmãs Mirabal, levantaram a voz contra o regime do então ditador General Rafael Trujillo. Chegaram a ser advertidas de que corriam risco em razão de seu ativismo, ao que Minerva respondeu: "Se me matam, levantarei os braços do túmulo e serei mais forte."

Certo dia, ao retornarem de uma visita à prisão onde estavam os maridos de Maria Teresa e de Minerva, que eram presos políticos, tiveram o veículo interceptado por militares. As três irmãs e o motorista foram espancados até a morte e seus corpos colocados no automóvel, que foi jogado de um precipício para parecer um acidente.

A versão oficial dessa tragédia não convenceu ninguém, e as Irmãs Mirabal se tornaram mártires e um símbolo do feminismo. Daí terem sido homenageadas no 1º Encontro Feminista Latino-Americano e do Caribe, realizado em Bogotá, na Colômbia, em 1981, com a deliberação de que o dia 25 de novembro, data do assassinato das irmãs, marcaria mobilizações para expor a violência contra as mulheres latino-americanas e caribenhas.

A atuação dessas mulheres, também conhecidas como As Borboletas, fez delas um ícone de luta por tempos melhores, merecendo registro que o brutal regime de Trujillo caiu logo após terem sido assassinadas. A casa de sua família se tornou o Museo Hermanas Mirabal. Um centro cultural levando seu nome foi fundado em Nova York, em 1990, com o objetivo de promover ações e exigir justiça social, atuando, entre outras áreas, para reduzir a violência doméstica.

Inspiraram o livro "No Tempo das Borboletas", de Julia Alvarez, que foi adaptado para o cinema. Receberam homenagens póstumas na República Dominicana, nos EUA e na França. E o 25 de novembro, que era uma data regional, passou a ter alcance global quando, em 1999, a Assembleia Geral da ONU o elegeu como o Dia Internacional para a Eliminação da Violência contra as Mulheres.

Como sabemos, as borboletas bem conhecem o fenômeno da transformação, e foi o que se deu com as Irmãs Mirabal. Afinal, com sua morte, o combate às injustiças ao nível local foi amplificado para o mundo, realizando assim o que havia sido prenunciado por Minerva: do túmulo serei mais forte.

ROMPENDO O SILÊNCIO[27]

(O Dia, 01/12/2021)

Nossas conversas sociais giram sobre assuntos variados. Futebol, política, arte, religião e família. Falamos de nossas conquistas pessoais, nossos sucessos, mas também de nossas derrotas, muitas vezes até em histórias anedóticas, que é quando rimos de nós mesmos.

Porém, há temas marcados por uma interdição social, como é o caso da violência doméstica. Afinal, não gostamos de falar sobre isso, principalmente quando nos afeta. O ator Will Smith, em sua recém-lançada autobiografia, venceu essa barreira e contou sobre a violência em seu lar. Uma das passagens é quando ele tinha apenas nove anos e viu o pai bater na mãe com tanta força que ela desmaiou.

Will revela a aspereza dessa vivência, o sentimento de impotência do menino diante da agressão do adulto, a culpa por não ter interferido naqueles episódios, o trauma e os medos. Feridas doem e Freud, o pai da psicanálise, indicou haver luz no fim do túnel: aquele que sofre precisa falar, colocar para fora.

O relato de Will sobre essa violência é importante para ele e para os demais que partilharam da mesma experiência. É uma catarse e, mais que isso, ajuda a desvelar o manto de invisibilidade que esconde casos semelhantes, mostrando que não são únicos, que essa experiência de violência é reproduzida em muitas famílias e que só com o reconhecimento de que o problema existe é que poderemos buscar ações para reduzir sua ocorrência.

Will Smith não é o primeiro a vir a público contar sobre um pai ou companheiro abusivo que assombra pessoas vida afora. A cantora Christina Aguilera admitiu publicamente as dificuldades que ela e sua mãe passaram com seu pai agressivo. A atriz Halle Berry também declarou que sua mãe foi vítima de violência doméstica e que, posteriormente, ela própria também o foi. Caso notório é o da cantora Tina Turner, que sofreu nas mãos do marido Ike ao longo dos 16 anos de casamento, cujos detalhes estão relatados na biografia "My Love Story".

A lista é longa e, para citar celebridades brasileiras que admitiram serem vítimas, temos Luiza Brunet, Gretchen e, mais recentemente, Duda Reis. Essa violência faz parte da história de famílias de todos os lugares e de todas as classes sociais. Mas na maioria das vezes está inserida em um pacto de silêncio, que atinge tanto os envolvidos quanto aqueles à sua volta e que fingem que o problema não existe.

Por isso, falar sobre violência doméstica é imprescindível. Contribui para a conscientização da população em geral e, em especial, auxilia vítimas a se darem conta da relação abusiva que vivenciam e da necessidade de apoio. Ajuda também as sobreviventes, que percebem que não estão sozinhas.

Will, Christina, Halle, Tina, Luiza, Gretchen, Duda e muitos já falaram. Você também pode e deve romper o silêncio, contribuindo para que a luz no final do túnel fique mais luminosa para todos.

PRECISAMOS FALAR MAIS SOBRE AS VÍTIMAS ABANDONADAS[28]

(Consultor Jurídico, em 09/12/2021)

"Diga o teu endereço
É uma cama de jornal
Sob o teto de estrelas
Sobre o solo nacional"

(trecho da canção "Cruz do Mundo", de Helio Graça-Filho)

Maria das Dores acaba de completar 18 anos. Seu aniversário não teve bolo, nem festa. Fugiu de casa e mora na rua desde os 13 porque era abusada pelo padrasto. Chegou a contar para a mãe, que não acreditava até o dia em que viu com seus próprios olhos.

Quando isso aconteceu, a mãe tentou acudi-la. Aos vizinhos, impossível não ouvir os gritos. Porém, nada fizeram. O resultado é que as duas acabaram espancadas e, naquela noite, vestidas de hematomas, dormiram abraçadas. Foi o último abraço que mãe e filha se deram.

É que Das Dores acordou na manhã seguinte determinada a dar um basta naquele pesadelo. Com a roupa do corpo, saiu pela porta de casa. Perambulou por aí e acabou chegando a um posto de gasolina repleto de caminhões. Ali conseguiu uma carona que a levasse para longe.

Lá se vão cinco anos sem família, sem escola, sem trabalho, sem renda, sem dignidade. Tempo passado nas ruas, alimentando-se de esmolas e sobras que encontra nas lixeiras. Nunca escolheu parceiro, sempre foi escolhida. Duas gravidezes interrompidas. Ora invisível, ora desprezada.

Das Dores agora é maior de idade e aceitou contar sua história. Afinal, publicações só revelam os nomes das vítimas mediante seu consentimento. Ou então quando estão mortas.

Indagada sobre sua situação, disse não ter arrependimento e que está melhor assim.

Nossa personagem ficcional Maria das Dores tem sua existência inspirada em milhares de meninas que, por serem vítimas dentro de seus lares, fogem e são empurradas para a escola da vida.

Renata Mena Brasil do Couto, assistente social e pesquisadora do Centro Internacional de Estudos e Pesquisas sobre a Infância (Ciespi), confirma essa realidade: *"A violência, os abusos e a negligência no contexto familiar são os principais motivos que levam crianças e adolescentes a buscar nas ruas uma alternativa de vida"*.

Das Dores simboliza o sofrimento coletivo dessas tantas jovens em condição de fragilidade familiar e, para que essas iniquidades sejam reduzidas, não podemos nos omitir nunca, pois, como aponta Irene Rizzini, fundadora do Ciespi, *"quanto mais cedo se agir para romper com ciclos de violência e desproteção, melhor*".

Portanto, precisamos falar mais sobre isso. Conscientizar as pessoas para que fiquem atentas aos mínimos sinais de abuso e, ao percebê-los, tomem providências. Seja com os seus, com os outros, com quem for.

Então, pode ser que, no futuro, histórias como a de Maria das Dores existam apenas na ficção. Mas, se acontecerem, que o crime não acarrete o desamparo daquela que mais precisa de proteção, a jovem vítima.

PARTICIPAÇÃO COMPARTILHADA NA CRIAÇÃO DOS FILHOS[29]

(Monitor Mercantil, 10/12/2021)

Homens confraternizam fumando charutos. Estão alegres. Cumprimentam o novo papai. Enquanto isso, a nova mãe, cansada pelo trabalho de parto, está no quarto.

Decerto que o nascimento de uma criança é de ser comemorado, e dar à luz é exclusividade das mulheres. Mas o cenário retratado acima é uma metáfora para as desigualdades que perduram no mundo social sobre a divisão de tarefas entre pais e mães quanto aos filhos.

O recém-chegado precisa de cuidados, que se estenderão por muitos anos até que alcance independência. Famílias que dispõem de mais recursos, ainda mais em culturas em que o patriarcado continua arraigado, têm por hábito terceirizar essa atividade. É o caso do Brasil e de outros países da América Latina, onde crianças são entregues aos cuidados de babás ou de empregadas domésticas.

Países mais avançados e que apresentam IDH alto, como os escandinavos, fomentam solução participativa de ambos os pais na criação dos filhos. Na Finlândia, são 164 dias de licença-maternidade mais 164 de licença-paternidade.

Esse direito na Islândia é de 12 meses, sendo os cinco iniciais para a mãe e cinco seguintes para o pai, ficando a cargo do casal resolver como divide os dois meses restantes.

Na Suécia, são 480 dias, cabendo à mãe as primeiras 18 semanas e, quanto ao tempo remanescente, o benefício é dividido entre os dois. Uma peculiaridade na legislação sueca é que há um incentivo maior para o pai exercer essa licença, pois, enquanto a mãe faz jus a 80% do salário no período de afastamento, o pai recebe 90%.

A Noruega concede essa licença por um período de 49 semanas assim dividido: 3 para a mãe antes do parto mais 15 após o nascimento, depois 15 para o pai mais 16 para os dois. Se o casal preferir uma redução de 100 para 80% do salário, esse período é aumentado para um total de 59 semanas. Essa licença ainda pode ser ampliada por mais 12 meses para qualquer um dos pais ou mesmo ambos, porém sem remuneração.

As mães na Dinamarca têm direito à licença com salário integral por 18 semanas, sendo quatro antes do nascimento e 14 após. O pai, nesse segundo período, pode usufruir de duas semanas de licença. Em seguida, o casal tem direito a 32 semanas adicionais, período esse que pode ser estendido por mais 14 semanas por motivo de doença da criança ou de algum dos pais.

No Brasil, a licença-maternidade é de 120 dias, podendo ser ampliada para um total de 180 no caso de adesão do empregador ao Programa Empresa Cidadã. Já a licença-paternidade é de apenas cinco dias, com possibilidade de prorrogação de mais 15 em razão do referido programa.

Aqui não se advoga equiparação aos escandinavos nesse terreno. O objetivo é verificar como a legislação de um país reflete a participação de pai e mãe nos cuidados dos filhos pequenos, pontuando-se que essa legislação é influenciada pela cultura. Além disso, os cuidados e a criação dos filhos não se esgotam nos períodos de licença-maternidade ou paternidade, por mais extensos que possam ser.

O importante é a conscientização seguida de ações positivas no sentido de que essa função seja repartida entre pai e mãe da forma mais isonômica possível. Assim fazendo, além de se contribuir para a redução das diferenças de gênero, o benefício será de todos. Aí, no futuro, os homens comemorarão o nascimento, mas também a oportunidade que a vida lhes dá de participarem e conviverem mais com seus próprios filhos.

MAIS MULHERES NA POLÍTICA[30]

(Revista Justiça Eleitoral em Debate - v.11, n.2 - jul/dez 2021 - TRE-RJ)

Sobre o autor: Wagner Cinelli de Paula Freitas. Desembargador do TJRJ, ex-diretor da EJE-RJ e autor do livro "Sobre ela: uma história de violência".

RESUMO

As mulheres experimentam uma desvantagem histórica na estrutura social e, apesar das importantes conquistas havidas, perdura a desigualdade de oportunidades, com reflexo no acesso a cargos de Poder. O ideal de igualdade, preconizado no lema da Revolução Francesa, influenciou o mundo, mas a luta das sufragistas foi longa. São postas em destaque brasileiras que marcaram essa caminhada pela isonomia, como Celina Guimarães Vianna, Alzira Soriano, Bertha Lutz e Carlota Pereira de Queirós. Os principais marcos legislativos históricos são também ressaltados, com indicação das últimas mudanças havidas, assim como as que estão em discussão. As cotas para candidaturas femininas, a reserva de assento e também o financiamento dessas campanhas são temas fundamentais para a maior participação das mulheres na política, a contribuir para o empoderamento feminino, essencial que é para uma sociedade fundada na igualdade.

Palavras-chave: mulheres, política, candidaturas femininas

ABSTRACT

Women face a historical disadvantage in the social structure and, despite important achievements made so far, inequality of opportunities persists, blocking them from positions of power. The ideal of equality, advocated in the motto of the French Revolution was a starting point, influencing the world. But the struggle for women to achieve voting rights was a hard one. Brazilian women, such as Celina Guimarães Vianna, Alzira Soriano, Bertha Lutz and Carlota Pereira de Queirós, were pioneers in this battle for equality. The article points out the main historical legislative milestones and latest changes made, as well as topics still under debate. A greater participation of women in politics can be reached by quotas for both female candidates and the reservation of female seats in Parliament, as well as better rules on the financing of their election campaign. These policies are prone to contribute to more women in politcs and to female empowerment, which is essential for a society that wants to really reach equality.

Keywords: women, politics, women's candidacies

As monarquias absolutistas da Europa continental, marcadas pelos privilégios da nobreza em um cenário de extrema desigualdade social, desmoronaram diante da Revolução Francesa

(1789), cujas ideias se espalharam pelo mundo sintetizadas no lema "liberdade, igualdade, fraternidade".

Entretanto, essa preconizada igualdade não era tão igual assim, ao menos quanto ao gênero, pois as mulheres seguiram alijadas de direitos que, no entanto, eram garantidos aos homens. Na própria França, nação pioneira no sufrágio, o direito de voto às mulheres só foi reconhecido a partir das eleições municipais de 1945.

Aliás, a luta pelo voto feminino marca a pauta da primeira onda do movimento feminista, que surgiu no século XIX e adentrou o século XX. A Nova Zelândia foi o primeiro país em que as mulheres venceram esse round (1893). O segundo foi a Austrália (1902), embora não reconhecesse esse direito aos aborígenes. Em seguida, Finlândia (1906) e Noruega (1907). No Brasil, o voto feminino foi assegurado pelo Código Eleitoral de 1932 e, em vários países, isso só ocorreu muito depois, como Mônaco (1962) e Suíça (1971), sendo a posição de lanterna ocupada pela Arábia Saudita (2011).

No Brasil, a primeira eleitora foi Celina Guimarães Vianna, que requereu sua inscrição no cadastro eleitoral em Mossoró com base na Lei estadual nº 660, de 25 de outubro de 1927, do Rio Grande do Norte, cuja redação garantia o direito de votar e ser votado "sem distincção de sexos". Seu pedido de alistamento foi deferido e isso incentivou outras mulheres, que, como eleitoras, participaram das eleições de 5 de abril de 1928. É bem verdade que posteriormente, no Senado, o voto feminino acabou sendo invalidado, mas a ação de Celina e daquelas que a acompanharam se tornou um símbolo na luta pela universalização do voto.

Mas não basta votar, há que poder concorrer nos pleitos, ao que merece registro o nome de Luiza Alzira Teixeira Soriano, primeira mulher eleita para ocupar um cargo político no Brasil, no caso, prefeita do Município de Lajes, RN, tendo tomado posse em 1929. Alzira Soriano, como era conhecida, foi incentivada a entrar na vida política pela cientista e ativista feminista Bertha Lutz, outra mulher de grande valor nessa batalha pela isonomia. Alzira, com base na mencionada Lei estadual nº 660, conseguiu concorrer nas eleições realizadas em 1928, antes, portanto, do Código Eleitoral de 1932. Seu mandato, porém, foi encurtado, pois Getúlio Vargas chegou ao poder com a Revolução de 1930 e substituiu os prefeitos eleitos por interventores.

Outra figura importante foi Carlota Pereira de Queirós. Eleita por São Paulo em 1934, foi a primeira deputada federal, ocupando a cadeira parlamentar até o Golpe de 1937, promovido pelo mesmo Getúlio Vargas.

Vencidas as primeiras barreiras, mulheres têm concorrido nas eleições e sido eleitas para os diversos cargos, mas continuam sub-representadas. Contudo, algumas iniciativas legislativas foram empreendidas com o objetivo de aumentar a presença feminina na política. A Lei nº 9.100/1995 estipulou a obrigatoriedade de pelo menos 20% das vagas de cada partido ou coligação serem preenchidas por candidaturas de mulheres.

Por sua vez, de acordo com a redação originária da Lei nº 9.504/1997 (art. 10, § 3º), cada partido ou coligação deveria reservar o mínimo de 30 e o máximo de 70% para candidaturas de cada sexo. A partir da alteração do dispositivo pela Lei nº 12.034/2009, aquela norma ganhou força, pois o efetivo preenchimento da cota de gênero pelas agremiações passou a ser obrigatório.

Outras leis para incentivar a participação feminina foram editadas, mas sem grandes repercussões na prática.

Embora as mulheres sejam um pouco mais da metade da população, continuam em pequeno número como candidatas. Nas eleições para a Câmara Federal, em 2018, foram 68,36% de candidaturas de homens contra 31,64% de mulheres. Com relação ao Senado, para o qual não se aplica a cota de gênero por ser considerado cargo majoritário, foram 82,4% de candidaturas de homens e apenas 17,6% de mulheres.

Uma coisa, porém, é o número de candidaturas, e outra é o de eleitos. No universo dos que são consagrados pelo voto, a estatística é ainda mais desigual. A Câmara Federal tem 513 assentos e no pleito de 2018 foram eleitos 436 deputados (85%) e 77 deputadas (15%). No Senado, verificou-se proporção semelhante, pois as 81 vagas foram ocupadas por 69 senadores e 12 senadoras.

Quanto ao cargo majoritário nas eleições municipais de 2020, foram eleitos 4.750 prefeitos contra 651 prefeitas, ou seja, apenas 12% das prefeituras têm mulheres à sua frente. Além disso, 91% delas são prefeitas nos municípios menores, com até 50 mil habitantes.

Mas temos modificações em curso.

A Proposta de Emenda à Constituição (PEC) nº 28/2021, que promove Reforma Eleitoral, foi promulgada, resultando na Emenda Constitucional (EC) nº 111/2021. Dentre as alterações introduzidas, há regras transitórias para distribuição dos recursos do Fundo Partidário e do Fundo Especial de Financiamento de Campanha (FEFC). A novidade ali trazida, para efeito dessa distribuição de recursos, é que os votos dados a candidatas mulheres ou a candidatos negros nas eleições de 2022 a 2030 serão contados em dobro.

Tramita Projeto de Lei (PL) que contém dispositivos sobre a participação feminina na política. É o PL nº 1.951/2021, que traz dois pontos fundamentais: assegurar o mínimo de 30% do FEFC para as candidaturas proporcionais femininas e estipular a reserva de vaga. No caso, garantir o preenchimento por mulheres das cadeiras na Câmara do Deputados, nas Assembleias Legislativas, na Câmara Distrital e nas Câmaras de Vereadores, começando a cota com um mínimo de 18%, a partir de 2022, aumentado gradativamente até chegar a 30%, em 2040. Não sendo essa cota preenchida com a apuração do pleito, as suplentes devem ser convocadas de forma a se atingir o respectivo percentual.

É interessante destacar que o PL nº 1.951, em sua redação primitiva (art. 3º), propunha um retrocesso na obrigatoriedade do preenchimento da cota de gênero por ocasião dos pedidos de registro de candidatura, voltando àquela redação originária do art. 10, § 3º, da Lei das Eleições: "(...) cada partido deverá reservar o mínimo de 30% (trinta por cento) e o máximo de 70% (setenta por cento) para candidaturas de cada sexo". Felizmente, com o objetivo de suprimir essa proposta de recuo, houve a Emenda de Plenário nº 5 ao referido PL na Câmara dos Deputados.

Quanto ao financiamento de campanha, de fato, uma candidatura sem apoio financeiro do partido fica prejudicada. Daí a necessidade de regra sobre o mínimo a ser alocado para as candidaturas femininas. O PL nº 1.951 trouxe a proposta de aplicação do mínimo de 30% dos recursos do FEFC em candidaturas proporcionais femininas, a serem repartidos entre mulheres negras e brancas, na proporção das candidaturas apresentadas. A Ação Direta de Inconstitucionalidade (ADI) nº 5.617-DF, do Supremo Tribunal Federal (STF), já havia consagrado o percentual de 30% para essa finalidade. O referido PL nº 1.951 ratifica essa percentagem. No entanto, revela timidez ao estabelecer que os critérios de aplicação desses recursos nessas candidaturas são *interna corporis*, sob o pretexto de respeitar a autonomia político-partidária, de modo que não é exigida a aplicação dos recursos proporcionalmente ao número de candidaturas registradas, bastando o cumprimento do percentual mínimo de 30% e obstando o pagamento de valor maior que 20% a uma única candidata. Melhor será quando se vincular o percentual desse suporte financeiro às candidaturas femininas com base no percentual de candidatas, a permitir que 30% não seja o único patamar. Assim, se houver mais de 30% de candidatas, que a repartição dessa verba ao menos observe a respectiva proporção.

As regras eleitorais, seja em razão de nossa tradição legiferante, seja pela dinâmica dos fatos sociais e sua repercussão no direito, estão sujeitas a constantes alterações. Como é sabido, tanto as propostas de emendas constitucionais quanto os projetos de lei nascem e são modificados até sua entrada em vigor. Outras PECs e outros PLs virão. O importante é que a imperatividade da maior participação da mulher na política esteja no centro desses debates e nas ações deles resultantes.

As mulheres são a maioria da população, mas em razão da desigualdade histórica que lhes atinge estão em desvantagem na estrutura social e os caminhos para que cheguem a cargos de poder apresentam obstáculos. Para vencê-los, alguns dos instrumentos são as cotas de candidaturas e a reserva de assento.

Logo, importante que as cotas não sejam reduzidas e que seja mantida sanção para seu descumprimento. Da mesma forma, que a reserva de assento seja sacramentada, com percentuais adequados e de aplicação progressiva no tempo. E ainda: que o patamar mínimo do financiamento das candidaturas femininas não fique limitado a 30%, mas sim ao percentual de candidatas concorrendo no pleito. Logo, se forem 35% de candidatas, receberão ao menos 35% dessa verba para a campanha. Se foram 40%, receberão 40% e assim por diante.

Voltando ao slogan tripartido da Revolução Francesa, certo é que seus elementos só se realizam em conjunto. Se desejamos uma sociedade onde se cumpram os ideais de liberdade e de fraternidade, necessitamos, com toda pressa, trabalhar para a redução das desigualdades, inclusive – e necessariamente – a de gênero.

Portanto, que a classe política atual, inspirada por essa necessidade e consciente de seu papel, implemente políticas inclusivas, a permitir, ainda que tardiamente, a maior participação feminina na política, para o bem da sociedade e do país, em justo tributo à memória de Celina, Alzira, Bertha, Carlota e tantas outras lutadoras da primeira hora.

BIBLIOGRAFIA

BRASIL. Código Eleitoral de 1932. Decreto nº 21.076, de 24 de fevereiro de 1932.

BRASIL. Emenda Constitucional nº 111, de 28 de setembro de 2021.

BRASIL. Lei nº 9.100, de 29 de setembro de 1995.

BRASIL. Lei nº 9.504, de 30 de setembro de 1997.

BRASIL. Lei nº 12.034, de 29 de setembro de 2009.

BRASIL. Câmara dos Deputados. Projeto de Lei nº 1.951, de 2021. Disponível em: <https://www.camara.leg.br/proposicoesWeb/prop_mostrarintegra;jsessionid=node014201me9ym7o0j0gm2svf5uhz13966876.node0?codteor=2055774&filename=PL+1951/2021>. Acesso em 28 out. 2021.

BRASIL. Câmara dos Deputados. Percentual de mulheres que concorrem à Câmara dos Deputados não se altera em quatro anos. 5 out. 2018. Disponível em: <https://www.camara.leg.br/noticias/543774-percentual-de-mulhe-res-que-concorrem-a-camara-dos-deputados-nao-se-altera-em-quatro-anos/>. Acesso em 28 out. 2021.

BRASIL. Senado Federal. Senado Notícias. Eleições 2018 têm recorde de mulheres candidatas ao Senado, mas desigualdade persiste. 30 out. 2018. Disponível em: <https://www12.senado.leg.br/noticias/materias/2018/08/30/eleicoes-2018-tem-recorde-de-mulheres-candidatas-ao-senado-mas-desigualdade-persiste>. Acesso em 28 out. 2021.

BRASIL. Supremo Tribunal Federal. Íntegra do acórdão proferido no julgamento da Ação Direta de Inconstitucio-nalidade nº 5.617-DF. 15 mar. 2018. Disponível em: <https://redir.stf.jus.br/paginadorpub/paginador.jsp?docTP=TP&docID=748354101>. Acesso em 28 out. 2021.

DEPARTAMENTO INTERSINDICAL DE ASSESSORIA PARLAMENTAR. Novo Congresso Nacional em Números: 2019-2023. Disponível em: <https://static.poder360.com.br/2018/10/Novo-Congresso-Nacional-em-Numeros-2019-2023.pdf>. Acesso em 28 out. 2021.

RIO GRANDE DO NORTE (Estado). Lei estadual nº 660, de 25 de outubro de 1927.

O DIREITO DE ACESSO DAS MULHERES COM DEFICIÊNCIA[31]

(Consultor Jurídico, em 27/12/2021)

"Que toda mulher deficiente tenha acesso
à Justiça e aos serviços públicos"

(trecho do poema Ser Mulher, da juíza Adriana Ramos de Mello)

Graças a muitas lutas, as mulheres conseguiram vencer barreiras sociais e conquistaram direitos, como estudar, votar e trabalhar. Mas a desigualdade persiste e é ainda maior para as mulheres com deficiência.

A ONU aponta que meninas e mulheres com deficiência são alvos preferidos de abusadores e alguns dos motivos são: vivem uma exclusão social, têm mobilidade limitada, não dispõem de estrutura de apoio, enfrentam barreira para comunicação e sofrem estigmas sociais.

Observemos o que foi investigado a respeito do assunto no Reino Unido, que tem reconhecida experiência em estudos e pesquisas sobre criminalidade.

A estatística criminal da Inglaterra e do País de Gales é levantada pelo *British Crime Survey*, que existe desde 1982 e é usado pelo Governo Britânico no desenvolvimento de políticas para redução da criminalidade. Em recente publicação, foi apurado que 17,5% das mulheres com deficiência tinham sido vítimas de violência doméstica, ao passo que, quanto às demais, esse percentual foi de 6,7%. Essa pesquisa considerou o período de abril de 2019 a março de 2020 e confirmou o que já tinha sido revelado em enquete anterior: mulheres com deficiência têm mais que o dobro de risco de sofrerem violência doméstica.

Embora não tenhamos a tradição dos britânicos, o Atlas da Violência 2021 traz informações importantes sobre a realidade brasileira, revelando que mulheres são a maioria das vítimas de violência para qualquer tipo de deficiência e que a violência mais frequente para pessoas com deficiência é a doméstica. Portanto, tem-se que, no Brasil, mulheres que apresentem algum tipo de deficiência têm maior risco de sofrerem agressões no âmbito da unidade doméstica ou familiar, assim como em qualquer relação íntima de afeto na qual o ofensor conviva ou tenha convivido com a ofendida.

Assim, o agressor pode ser o cônjuge ou companheiro, um familiar ou mesmo alguém que supostamente estaria ali para "cuidar" da pessoa com deficiência.

A título de ilustração, vejamos notícias envolvendo cada uma dessas situações.

A primeira é sobre um ex-marido abusador, cuja manchete é: "Homem é condenado por rotina de agressões físicas à ex-mulher deficiente". Refere-se a uma ação de indenização por dano moral que teve sentença condenatória confirmada pela 4ª Câmara de Direito Privado do Tribunal de Justiça do Estado de São Paulo.

O segundo caso é de um pai abusador. A notícia, assinada por Aline Nascimento (G1), dá conta de que um agricultor do interior do Acre foi condenado a 41 anos de prisão por abusar e engravidar duas vezes a filha com deficiência mental.

O terceiro episódio, também do G1, é sobre uma cuidadora condenada a quase 10 anos de prisão, em regime fechado, por agressões a uma mulher com deficiência mental em Rio Negrinho, SC.

A Justiça deu resposta aos três casos de violência doméstica referidos, como dá a muitos outros. Porém, um grande número nem mesmo chega à cognição das instituições, o que ocorre por várias razões, mas que pode ser resumido em uma palavra: acesso.

Decerto que o tipo de deficiência influenciará o acesso dessa vítima às instituições que lhe devem proteção. A pessoa com algum tipo de impedimento cognitivo, por exemplo, se não encontrar uma escuta qualificada, corre o risco de ter seu depoimento descredibilizado. Outro grupo que demanda especial atenção é o das mulheres surdas, que não têm como se valer de linhas telefônicas de ajuda. Como costumam se comunicar em Libras, dependem de interlocutor que conheça essa linguagem, que, infelizmente, não é tão difundida. Essa situação é agravada pela ausência de instrumentos que, de forma segura, as possibilitem reportar os delitos que lhes atingem.

A violência de gênero existe, é grave e tem incidência ainda mais acentuada no grupo das mulheres com deficiência, que, como indica a juíza Adriana Mello, necessita de acesso à Justiça e aos serviços públicos. Seguir por essa trilha permitirá o resgate dessa enorme dívida social, o que certamente fará de nosso mundo um lugar mais inclusivo e menos desigual.

O CASO 'MÁRCIA BARBOSA' E A RAZOÁVEL DURAÇÃO DO PROCESSO[32]

(O Dia, em 27/12/2021)

Jovem estudante, de 20 anos, é encontrada morta com sinais de asfixia em um terreno baldio. Seu nome, Márcia Barbosa de Souza. O crime ocorreu em 17 de junho de 1998, em João Pessoa, na Paraíba, e o suspeito era o deputado estadual Aércio Pereira de Lima, que foi processado, vindo a ser condenado a 16 anos de reclusão. Essa breve narrativa tem por trás detalhes que expõem disfuncionalidades.

A primeira delas decorre da imunidade parlamentar. A Constituição da República (CRFB), em razão da Emenda Constitucional 35/2001, restringiu o alcance desse instituto. Mas perdura a necessidade de licença da Casa Legislativa para o seguimento da ação penal contra o parlamentar, mesmo em caso de assassinato. Não sendo concedida a licença, a ação penal fica suspensa.

Essa regra é repetida nas Constituições estaduais e, graças a ela, o deputado Aércio conseguiu obter a suspensão da ação penal na qual era réu. Como foi reeleito no pleito de 1998, a suspensão se estendeu pelos quatro anos do que veio a ser seu último mandato.

A segunda disfuncionalidade é fomentada pela primeira, que foi o largo tempo decorrido entre o assassinato da estudante, em 1998, e o julgamento pelo Tribunal do Júri, em 2007, a indicar violação a dispositivo constitucional: "A todos, no âmbito judicial e administrativo, são assegurados a razoável duração do processo e os meios que garantam a celeridade de sua tramitação" (Artigo 5º, inciso LXXVIII, da CRFB).

Aércio, em fevereiro de 2008, morreu em sua residência, vítima de infarto. Nunca cumpriu a pena a que foi condenado e, diante desse quadro, o Centro pela Justiça e o Direito Internacional (Cejil) e o Movimento Nacional de Direitos Humanos (MNDH) apresentaram petição perante a Comissão Interamericana de Direitos Humanos (CIDH).

A CIDH admitiu parcialmente a petição e apresentou o "Caso Márcia Barbosa" à Corte Interamericana de Direitos Humanos (Corte IDH), advindo sentença com recomendações ao Estado brasileiro, entre elas: adequar a lei brasileira para que a imunidade de altos funcionários do Estado fique adstrita aos fins a que se destina, evitando-se que se transforme em obstáculo para a investigação de casos de violações de direitos humanos; continuar adotando todas as medidas necessárias para o cumprimento integral da Lei Maria da Penha e dispor de todas as medidas legislativas, administrativas e de políticas públicas para prevenir, investigar e punir a violência contra a mulher no Brasil.

Márcia foi morta porque era mulher. Mais uma entre tantas vítimas desse terrível crime de gênero que é o feminicídio, a reclamar especial atenção do Estado brasileiro.

Assim como o "Caso Maria da Penha" deu nascimento à Lei 11.340/2006 (Lei Maria da Penha), que é um marco em favor das mulheres vítimas de violência doméstica, o "Caso Márcia Barbosa" certamente trará mais efetividade à lei e, portanto, maior proteção às mulheres.

Precisamos desses novos mecanismos para a plena realização do princípio da razoável duração do processo e consequente desestímulo à prática de crimes como o que vitimou Márcia Barbosa. Que o cumprimento da sentença da Corte IDH venha logo!

A MASCULINIDADE TÓXICA E A VIOLÊNCIA CONTRA A MULHER[33]

(Consultor Jurídico, em 18/01/2022)

"Se não vai ser minha, não vai ser de ninguém"

(áudio que o ex-marido enviou para Fernanda Quadros, de 34 anos. A professora foi morta na porta de casa, em Piraquara (PR), em 1º de dezembro de 2021. O ex-marido teve a prisão decretada e está foragido)

A cultura machista ainda tem forte presença em nossa sociedade, revelando-se em várias de nossas interações sociais. Está nas músicas que enaltecem a agressão à mulher, nas piadas que a inferiorizam e nos obstáculos que dificultam ou impedem sua caminhada profissional.

Todos respiramos a cultura, que por osmose nos entranha, cabendo-nos questionar e expurgar os símbolos machistas que nos chegam e, em um movimento coletivo, modificar conceitos e ações que respaldam desigualdades, dominação e violência.

Aquele cuja personalidade traz características do macho dominador é um grande problema e, exatamente por isso, entendê-lo pode ser a chave para a redução dessa violência que atinge seletivamente a mulher.

Egocêntrico e autoritário, considera sua vontade como lei, exige obediência irrestrita, mesmo aos seus disparates mais radicais, impondo medo aos que estão em sua esfera de controle.

Esse macho dominador, quando rejeitado, sente-se atacado em sua, por assim dizer, supremacia. Se essa rejeição parte da namorada ou companheira, ser que em sua equivocada concepção lhe pertence, abastece-se do combustível ódio e exercita sua violência. Afinal, como ela poderia terminar com ele? Nesse entender obtuso, é ele que, se quiser, concede alforria. Se não for isso, arvora-se no direito de punir, como se tivesse esse direito.

O raciocínio traçado, ainda que em linhas gerais, pode ajudar a compreender o que está por trás do comportamento de tantos homens que, diante da rejeição, sentem-se feridos e agem com brutalidade. Na outra ponta, que é bem frágil, aquelas que com eles um dia se relacionaram, para desgosto delas.

Esse comportamento agressivo do macho rejeitado pode gerar várias consequências: lesões, sequelas ou mesmo o silêncio eterno da vítima.

O novo ano começou e não nos faltam manchetes de feminicidas de ex. Para agravar essas tragédias, esses criminosos não se importam de fazer dos filhos as testemunhas de seu ritual macabro.

São homens dominadores e abusivos, para os quais a rejeição não é uma opção. Para eles, tem valor uma frase infeliz, mas já tão repetida, igual à do áudio recebido por Fernanda Quadros: "*Se não vai ser minha, não vai ser de ninguém*".

É de fato um pensamento prepotente e pior ainda é concretizá-lo. Ao fazê-lo, o desfecho usualmente observado para o autor do crime é suicídio, prisão ou ficar foragido. E qualquer um deles expõe o mesmo traço a respeito desse macho: a covardia.

OUTROS TEXTOS

As próximas páginas trazem textos que trataram de violência de gênero e fizeram menção ao livro, ao curta-metragem e/ou ao autor desta obra. Há artigo, matéria, resenha e entrevistas. No final, duas poesias a respeito do tema.

UMA QUESTÃO DE ÍNDOLE[34]

(Zuenir Ventura – O Globo – 30/12/2020)

Ainda repercute a morte da juíza Viviane Vieira do Amaral Arronenzi, de 45 anos, assassinada pelo ex-marido com 16 facadas diante de suas três filhas, de idades entre 7 e 9 anos, na véspera do Natal. O crime, hediondo, praticado com requintes de crueldade, provocou um movimento de repúdio encabeçado por manifesto assinado por centenas de juízas. Só no dia de Natal foram registrados seis feminicídios no Brasil.

Um dos colegas de magistratura de Viviane acaba de publicar um livro que trata do tema: "Sobre ela: uma história de violência". O desembargador Wagner Cinelli, do Tribunal de Justiça do Rio, recorre à justiça, à sociologia, à antropologia, à música, à literatura e ao cinema para abordar a violência contra a mulher cometida por maridos e ex-companheiros. Ele mostra a evolução das leis, das políticas públicas e aborda questões como: "O que leva o parceiro a transformar a amada em sua vítima contumaz? Como pode o lar, que deveria ser um ambiente seguro, se tornar lugar de tormenta e medo? Por que tantas dessas vítimas insistem na manutenção do vínculo afetivo com seu agressor?". Com prefácio da juíza Andréa Pachá, a obra mostra que, para quebrar o ciclo de violência, é preciso falar sobre ela. Nas escolas, nas universidades, nas instituições, na cultura, na política, em todas as esferas.

A escolha da arma não foi aleatória. Como ela não mata de uma vez, a não ser quando atinge o coração, o que não foi o caso, a vítima sofre por mais tempo, o que aumenta o prazer sádico do monstro. Testemunhas disseram que ele permaneceu insensível aos gritos das filhas pedindo para que parasse. Viviane caída, morta, ainda foi golpeada duas vezes.

Enquanto lia os depoimentos explicando que o feminicídio é hoje um mal que atinge todas as classes e profissões, me lembrava daquele magistrado de SP que, acredite, disse recentemente em audiência na Vara da Família: "Não tô nem aí para a Lei Maria da Penha (...). Ninguém agride ninguém de graça". Ele deve pertencer àquela categoria de machistas que sempre atribuem a culpa à vítima. Nos casos de estupro, alegam: "Vestindo aquela roupa, ela queria o quê?".

Como se vê, é difícil o combate à violência contra a mulher. Nem sempre a causa é cultural. Às vezes é uma questão de — na falta de outro nome — eu chamaria de índole.

DESEMBARGADOR WAGNER CINELLI, DO TJ-RJ, RECEBE PRÊMIO INTERNACIONAL POR ANIMAÇÃO SOBRE VIOLÊNCIA CONTRA A MULHER[35]

(por Melissa Duarte – site AMB – 13/01/2021)

"Sobre Ela" ganhou o troféu da modalidade "Empoderamento Feminino", no New Wave Short Film Festival, na Alemanha

Durante os anos em que atuou como juiz criminal, na década de 1990, o desembargador Wagner Cinelli se surpreendeu com a quantidade processos de agressões dos maridos para com as esposas e de como os casamentos continuavam apesar da violência. Engajado na causa, o magistrado decidiu trabalhar em frentes de conscientização sobre a violência de gênero.

O filme "Sobre Ela" é um dos frutos deste trabalho. O magistrado do Tribunal de Justiça do Estado do Rio de Janeiro (TJ-RJ) assina a direção, o roteiro e a música do filme. "Receber um prêmio num festival representa o reconhecimento de um trabalho, que a escolha daquele objeto é importante, que tem relevância e consagra o que nós fazemos nesta estrada", ressaltou Wagner Cinelli, em entrevista à AMB.

Cinelli optou pelo filme mudo, forma de simbolizar o silêncio que assola as mulheres vítimas de violência, que muitas vezes não podem ou não conseguem pedir socorro. Além, a escolha estética também demonstra o tabu que a sociedade enfrenta para falar abertamente sobre o mal endêmico da violência de gênero.

Na história, a casa se torna um espaço tomado pelo medo. Com cenas que variam entre passado (colorido) e presente (preto e branco), a história reúne conhecimentos da Antropologia, da Sociologia, do Direito, da História e das Ciências Criminais para fornecer uma visão global sobre o tema.

O curta-metragem tem duração de 5 minutos e tem sido apresentado em festivais de cinema. Como o ineditismo é um dos requisitos para inscrição em muitos desses concursos, a obra ainda não foi liberada para exibição. "Poder produzir algo é uma grande realização, mas dividir com as pessoas é melhor ainda", revela Cinelli.

O filme começou a ser desenvolvido em julho de 2019 e ficou pronto em fevereiro do ano seguinte. A produção é da Com Domínio Filmes. A animação originou o livro "Sobre ela: uma história de violência", publicado em dezembro pela editora Gryphus nas versões impressa e digital.

Biografia

Wagner Cinelli de Paula Freitas se formou em Direito na Universidade Federal do Rio de Janeiro (UFRJ) e em Ciências Sociais na Universidade do Estado do Rio de Janeiro (Uerj), com ênfase em Sociologia e Antropologia. Foi advogado por seis anos e se tornou juiz em 1992. O desembargador estudou desigualdade de gênero durante o mestrado na *London School of Economics* (LSE), no Reino Unido.

Violência contra a mulher

O Anuário Brasileiro de Segurança Pública mostra que houve diminuição nos registros de violência de gênero no Brasil durante a pandemia da covid-19, em que as mulheres têm mais dificuldades de denunciar a violência. Os casos de lesão corporal e de ameaça caíram 10,9% e 16,8% no país. Em relação à violência sexual, as estatísticas apontam queda ainda maior: estupros de mulheres reduziram 23,7% e de vulneráveis, 22,7%).

As notificações de homicídios dolosos contra mulheres e de feminicídios, contudo, subiram 0,8% e 1,2%. Também houve 3,9% a mais de ligações para o 190 sobre violência doméstica. Esses dados — relativos ao primeiro semestre de 2020, ante o mesmo período do ano anterior — contribuem para dimensionar a questão da violência doméstica e familiar no país.

'MULHERES CONTINUARÃO SENDO ASSASSINADAS SE NÃO TRABALHARMOS A PREVENÇÃO E A EDUCAÇÃO', DIZ DESEMBARGADOR WAGNER CINELLI[36]

(por Renata Izaal – entrevista para a Plataforma Celina – O Globo – 18/02/2021)

Crédito: Rosane Naylor - Foto publicada com a entrevista

RIO - Wagner Cinelli, 57 anos, poderia ter seguido o script de uma sociedade machista, como é a brasileira, e ser mais um homem a repetir indefinidamente preconceitos sexistas. Mas, como ele mesmo diz nesta entrevista feita por Skype, "a vida é para questionar". E foi questionando o mundo ao seu redor, sobretudo as partes envolvidas em casos de lesão corporal que chegaram as suas mãos, que o desembargador do Tribunal de Justiça do Rio de Janeiro (poeta, músico e diretor de curtas de animação nas horas vagas) se tornou um defensor da igualdade de gênero.

A experiência na segunda vara criminal, em Petrópolis, e na vara de família, em São Gonçalo, fizeram Cinelli questionar homens e mulheres e adentrar o mundo silencioso onde a violência doméstica é regra. A partir do que viu, ouviu e aprendeu em mais de 20 anos de profissão, ele pensa que a legislação brasileira sobre o tema é boa, mas não chega a quem mais precisa. E, fundamentalmente, acredita que é preciso investir nos mecanismos de proteção da mulher e comunicar bem essa estrutura, além de iniciar já um projeto de educação da sociedade para que ela rompa o ciclo da violência.

— Governos fazem escolhas, então é preciso uma cobrança coletiva forte. Se não fizermos isso, só hoje teremos três mulheres vítimas de feminicídio — afirma.

Cinelli criou o curta "Sobre Ela", uma história trágica de violência contra a mulher, que está percorrendo festivais internacionais e acabou de vencer duas categorias no britânico *Screen Power*: melhor filme de animação e melhor trilha sonora. O filme serviu de inspiração para um livro de mesmo nome, que ele lança agora: didático e simples para que todos possam entender os elementos estruturais da cultura que tornam a sociedade brasileira tão violenta, sobretudo contra as mulheres, e a legislação disponível para protegê-las.

— Não vejo solução a curto prazo. A gente precisa de mais educação, de mais prevenção e de trabalhar para que as pessoas tenham instrumentos.

Leia abaixo a entrevista com o desembargador Wagner Cinelli, autor do livro "Sobre Ela" (Gryphus Editora):

Por que decidiu fazer um curta e escrever um livro sobre a violência contra a mulher?

O objetivo é chamar atenção para o problema, que existe e é grave. Eu ouço, até mesmo de muitos colegas, que a lei penal resolve. Há gente que fala em "hominicídio", em "machicídio". Sim, há mulheres que matam seus maridos. Mas isso é um ponto fora da curva; não tem importância sociológica. Levantar isso é querer desviar o debate.

E o que o fez entrar no debate?

Quando fui titular da segunda vara criminal, em Petrópolis, notei um aumento nos casos de lesão corporal e ameaças envolvendo companheiros. Entendi que a entrada em vigor da Lei 9.099, que estipulava que delitos de menor potencial ofensivo fossem encaminhados ao juiz, estava trazendo até a vara essa violência que antes parava na delegacia. Eu sempre gostei de conversar com as partes, e o que eu mais ouvia era que aquela mulher já tinha ido à delegacia, mas nunca viu resultado no processo. Eram inquéritos que não viravam ação penal e, veja bem, estou falando das mulheres que foram à delegacia, muitas não vão. E, mesmo as que vão, só o fazem depois de algumas agressões. Quando assumi a vara de família em São Gonçalo, os conflitos apareceram também. Era muito comum o homem estrangular a mulher financeiramente com coisas do tipo "Eu pagava alimentos, sim, mas agora ela tem um namorado."

E por que as mulheres não viam resultado nas denúncias?

Até então, os processos que viravam inquérito eram os flagrantes. O delegado, obviamente, dava as razões dele: não tem viatura, pessoal ou como investir no caso. E há as questões culturais também: eu ouvia policiais dizendo que briga de marido e mulher é "feijoada", que não dá em nada. Eles me diziam: "Doutor, aquele homem era terrível, mas um dia na delegacia eu bati na mesa e falei duro, só que a mulher veio defendê-lo."

A estrutura não funciona e, eu imagino, funciona menos ainda para as mulheres.

Funciona menos para a mulher. Se ela for negra, menos ainda. Vai acumulando e só ela, que é quem vive a situação, sabe. A quem diz que o machismo não existe, eu recomendo que pergunte a uma mulher. Estou tristemente convencido de que muitas mulheres continuarão a ser assassinadas e violentadas nos próximos anos; não vejo solução a curto prazo. A gente precisa de mais educação, de mais prevenção e de trabalhar para que as pessoas tenham instrumentos. E são só as pessoas mais pobres? Não. A juíza Viviane *(Viviane Vieira do Amaral Arronenzi foi morta pelo ex-marido diante das três filhas na véspera de Natal, no Rio de Janeiro)* não foi a primeira mulher graduada em Direito a ser assassinada.

Os casos de feminicídio têm repercutido muito no país. Acha que pode haver algum recrudescimento na legislação atual?

Sim, haverá algum recrudescimento na lei penal, o que é normal, porque o Brasil age assim. Do Natal para cá, tivemos muitos casos emblemáticos, e é preciso dizer ao abusador que a fatura vai ficar mais cara. Mas também precisamos entender que chegamos a um patamar civilizatório em que isso não é mais aceitável. O quadro é ruim, e os estudos indicam que piorou na pandemia. O assunto é grave, e no Brasil a gente foge dos assuntos graves: a violência contra a mulher é um; o passado escravagista é outro, parece interessar mais aos negros do que aos brancos. Não pode ser assim.

A legislação atual é suficiente?

Já houve uma evolução legislativa importante. Acho que vai haver — e deve haver — um recrudescimento em relação a homens abusadores, do ponto de vista das sanções penais aplicáveis aos crimes que praticam. Nosso problema é menos de leis do que da efetividade delas. A Lei Maria da Penha, por exemplo, é muito boa e tem recebido aprimoramentos, o que é natural. O problema é que as leis não beneficiam a todas. Diante da natureza dessa violência, a mulher se fecha.

Precisamos trabalhar melhor a prevenção?

Precisamos trabalhar prevenção e investimento nas delegacias especializadas, nos abrigos e em ideias como a ronda Maria da Penha e os aplicativos de pânico. Mas não adianta ter o aplicativo e ninguém saber que ele existe. Qualquer pessoa sabe que 190 é o número da polícia; e todos têm que saber que o

180 é a Central de Atendimento à Mulher e que lá existe uma escuta qualificada para ela, mas também para qualquer um que conheça uma mulher nessa situação e queira ajudar. Precisamos de governos que estejam preocupados com esse tema, que queiram investir nisso. Governos fazem escolhas, então é preciso uma cobrança coletiva forte. Se não fizermos isso, só hoje teremos três mulheres vítimas de feminicídio.

Mas como mudar a situação sem mudar os homens, os juízes que dizem que não estão nem aí para a Lei Maria da Penha?

Há muito ângulos a serem explorados conjuntamente. A estrada é longa e, primeiro, precisamos falar sobre as mulheres, os abusadores e a sociedade. Vai ter gente contra essa conversa, mas parte da batalha é mostrar a essas pessoas que o caminho é a igualdade. Precisamos também romper o ciclo de violência. A sociedade brasileira convive com a violência o tempo todo: o maior batendo no menor, o mais forte bate no mais fraco. Tudo isso penetra na nossa vida de forma invisível, mas é pesado. Internalizamos a desigualdade como natural, somos uma sociedade em que se diz: "você conhece alguém lá?" ou "você sabe com quem tá falando?". A gente ainda não internalizou que o direito é igual para todos.

Você acredita que os homens estão dispostos a discutir, não apenas a violência contra a mulher, mas o machismo que estrutura a sociedade, as relações de poder e os papéis de gênero?

Antes da Revolução Francesa, o rei Luís estava tranquilo. Há processos em que as coisas são empurradas e não tem volta.

Eu estou animado, outros não estão, mas estarão. Se a gente não falar do tema, muitos não vão se dar conta de que ele existe e é importante. E não é um problema complicado de entender, basta entrar no Google, onde há tantos exemplos com ingredientes ruins: mulheres atacadas com ácido, água quente, torturadas. Temos que dizer que quem fez isso foi um homem.

Com 57 anos, você certamente cresceu em uma cultura machista. Como foi o processo para romper com ela?

Eu nasci no final de 1963, meu pai era mineiro, com 15 irmãos, e teve uma criação muito rigorosa. Aquelas famílias em que descumprir alguma coisa era risco de surra. Ele era uma figura forte e trazia muito desse machismo de que falamos. E eu fui criado nesse ambiente, na escola, o que os meninos falavam das meninas, na família, na TV. Mas a vida é para questionar. Acho que a dúvida metódica do Descartes é para a gente questionar as coisas. Nesse questionamento, eu penso que há um movimento evolutivo, a gente vence níveis de ignorância à medida em que estuda, pensa e debate sobre os temas. Quando jovem, eu certamente ri de piadas machistas. Hoje, não acho a menor graça nelas.

A maior parte das mulheres vítimas de violência são mães, o que traz consequências para os filhos também. Quando o pai é o agressor, o que a Justiça faz?

São muitos os processos com essas alegações, e também com alegações de abuso sexual por parte do pai, embora isso seja mais comum com os padrastos. É claro que, se um pai coloca em risco a integridade dos filhos, essa visitação será suspensa ou acontecerá sob supervisão. Muitas vezes, as mães permanecem no relacionamento por causa dos filhos, elas desenvolvem estratégias de sobrevivência interna para protegê-los. O único jeito de acabar com o ciclo da violência é a separação.

Muitas teóricas feministas afirmam que a ideia da família aprisiona a mulher no lugar de subalternidade e violência. Concorda?

Acho que contribui, nada é fator único, mas contribui. A mulher tem que estar casada e cuidar da família, que é responsabilidade dela, isso tudo permeia, sim. Conheci uma mulher que teve mais de um processo contra o marido por agressão. Quando saiu a sentença, a escrivã me disse que essa mulher pegou a guia e pagou a pena de multa no banco. Quando eu a encontrei, questionei por que ela pagou a pena dele: "Lá em casa, a gente não tem dívida", disse ela.

Você acha que mais homens vão se aproximar do livro porque foi escrito por um homem?

Sou a favor de somar vozes. Se isso fizer mais homens escutarem ou pararem para pensar no assunto, está valendo.

E por que uma mulher deve ler um livro sobre violência de gênero escrito por um homem?

Boa pergunta. A pessoa lê o que quiser e pode fazer o sexismo dessa forma, mas não aconselho porque o mundo é maior que isso. Há temas que considero importantes, mas não sou legítimo naquele lugar de fala. Só que estou confortável em fazer porque trabalho com a ideia de que essas lutas são nossas, de quem quiser entrar no barco. Espero que as mulheres queiram ler o livro e que falem sobre o assunto.

RESENHA #165: NÃO TER ESCOLHA[37]

(Camille Pezzino – site Caneta Tinteiro – 10/03/2021)

Imagem do curta-metragem "Sobre Ela" - Ilustração publicada com a resenha

AUTOR: Wagner Cinelli de Paula Freitas

SINOPSE: Esta obra traz a lume o tema da violência contra a mulher, especialmente a violência doméstica perpetrada pelo companheiro ou ex. Por que a mesma boca que declarou amor passa a ofender? Por que as mãos que um dia abraçaram passam a agredir? Por que aquele que prestou cuidados à amada se torna seu assassino?

Quantas vezes você já ouviu a pergunta: "por que ela continua com ele depois de apanhar?" Algumas pessoas tiram a conclusão imediata de que a referida simplesmente gosta disso.

Mas será que isso é verdade?

Em *Sobre ela*, obra homônima de uma animação vencedora de prêmios, Wagner Cinelli demonstra por qual motivo essa pergunta não é tão simples de ser respondida e, tentar fazê-lo, **é esquecer todo um contexto sociocultural**.

Nós vivemos no Brasil, um país com altos índices de violência contra minorias sociais, compostas por pessoas LGBTQ+, negras e também de mulheres. Assim, traçando um paralelo histórico e social, pautado em dados internacionais, o autor pontua como a **nossa nação possui um histórico terrível de subjugação do outro**. Essa forma de agir é comportada não somente no tratamento da linguagem corporal, como também na nossa língua e o que produzimos a partir dela.

O aspecto mais chamativo da obra de Cinelli é justamente **o tato ao abordar como a arte, principalmente a música, pode nos levar a ideias equivocadas em relação à mulher**. Desde músicos até literatos consagrados, vemos uma contínua forma de subjugar a figura feminina e alimentar desejos e prazeres terríveis para ela, os quais não condizem com a realidade. Ao fazer isso, o autor pontua brilhantemente como uma opinião formadora de opiniões pode sim **afetar a nossa sociedade e, não menos importante, como a sociedade geral ignora ou simplesmente aceita essas prerrogativas**.

No entanto, algumas das citações do autor são de comportamentos de indivíduos de períodos passados, os quais, embora seja terrível, condizem com o contexto histórico que viveram.

Acredito que seja importante pontuar os autores, incomodar-se, mas criticá-los como se fossem modernos tem um tom bem anacrônico. Só que, mesmo assim, as críticas são válidas e há referências atualíssimas para fazer um contraponto.

Outro teor da obra marcante **é a presença das mudanças e da própria história da Lei Maria da Penha**. O autor, sendo desembargador, acaba trazendo boa parte da sua formação para dentro das páginas. Contudo, mesmo alguém leigo em Direito, é capaz de acompanhar facilmente a sua linha de raciocínio.

Esse é um livro interessantíssimo para quem quiser conhecer mais sobre **violência doméstica e sobre as diretrizes atuais** para tratar do assunto. Sendo um texto de dezembro de 2020, agrega a si as mudanças mais recentes e é um excelente estudo para quem tem curiosidade na área. Além disso, trabalha possíveis soluções e explica que **precisamos começar com a educação de jovens e entender que, muitas das vezes, a violência vem da geração anterior**.

Ignorar essa violência e todo tipo de pressão psicológica que a vítima passa, é também ignorar as possibilidades da resposta à pergunta: "por que ela continua com ele depois de apanhar?".

Porque, muitas das vezes, ela nem sequer tem escolha.

SUSTENTABILIDADE E O FEMINICÍDIO COM WAGNER CINELLI #15[38]

(por Geiza Rocha | entrevista para o Programa Mulheres Sustentáveis – em 31/03/2021)

Hoje, o podcast "Mulheres Sustentáveis" vai quebrar o protocolo e trazer um homem para a nossa roda. Neste episódio, nosso convidado é o desembargador do Tribunal de Justiça do Estado do Rio de Janeiro Wagner Cinelli. Wagner também é músico, compositor e autor do curta-metragem "Sobre Ela", que deu origem ao livro de mesmo nome e amplia o debate sobre o feminicídio e os limites da atuação institucional, que acabam por não oferecer a proteção necessária às mulheres vítimas desse crime.

Quando convidamos mulheres para conversar sobre seus desafios de liderança, não podemos ignorar que a sombra da violência também espreita essas dinâmicas de poder. E quando essa sombra está em casa, às vezes é muito mais difícil identificar os sinais e se livrar antes que algo pior aconteça.

Todos os dias, pelo menos três mulheres são vítimas de feminicídio nas mãos de companheiros ou ex-companheiros. Para debater este tema, é necessário que homens e mulheres estejam juntos. É uma conversa difícil, mas decisiva. E é por acreditar na força dessa discussão que estamos aqui. O Wagner conseguiu retratar muito bem o tema e alertar sobre a importância de falarmos sobre ele, sobre ela, sobre nós como sociedade. Vamos para mais um episódio potente?

Geiza Rocha (GR): – Tudo bem?

Wagner Cinelli (WC): – Tudo bom.

GR: – Wagner, estamos aqui quebrando os paradigmas do podcast "Mulheres Sustentáveis", trazendo você

para essa roda de mulheres, porque o tema de que você trata no livro que lançou recentemente e também no curta-metragem "Sobre Ela" diz tudo sobre um de nossos maiores desafios: combater o feminicídio. E nada melhor do que termos homens estudiosos, que mergulham fundo, que possam se preocupar com esse tema e traçar esse diálogo. Então, para mim, é um prazer ter você aqui hoje.

WC: – Muito obrigado, Geiza. Eu já acompanho o seu trabalho há muitos anos. Obrigado também a todos os que estão participando, escutando este bate-papo. O tema é muito importante. O "Sobre Ela" começou com a ideia de fazer um roteiro. Eu fiz primeiro o roteiro de uma história, que em seguida virou curta-metragem de animação. Desde 2015, eu venho fazendo alguns curta-metragens, inicialmente de animação, mas não só, e principalmente no universo da música. Depois, eu comecei a tocar em temas sociais através da música e, com "Sobre Ela," eu fui me afastando da música para falar de um tema em que eu queria muito tocar, que é a questão da desigualdade de gênero, do papel da mulher na nossa sociedade, da maneira como as coisas estão acontecendo há muito tempo, não só no Brasil. Porque essa desigualdade de gênero que atinge a mulher não é uma questão brasileira; é uma questão mundial. A mulher é subjugada dentro de uma família patriarcal e vai vencendo barreiras. A mulher não podia estudar, não podia ser alfabetizada, depois não podia votar, não podia trabalhar... Então, temos assistido a essas conquistas ao longo do tempo. Preocupado com isso, eu fiz esse roteiro, que virou curta e pensei "Puxa, tem tanta coisa para se falar sobre esse assunto. O curta é legal, é uma coisa da cultura, que chama para a reflexão, mas eu vou fazer mais". Aí eu tive a ideia de fazer um livro, aproveitando exatamente esse lado do jurídico que eu tenho, pela minha formação e pelo meu trabalho, mas trazendo também outras disciplinas, para todo mundo conversar. Eu não queria um livro só "juridiquês". É claro que eu faço várias referências às leis e tudo mais, mas eu quis uma conversa que reunisse a história, o jornalismo, a sociologia, a antropologia, para que fosse uma leitura agradável ao leigo do direito, para que eu trouxesse todo mundo para essa conversa. Porque o fundamental é falarmos sobre esse problema, que é muito sério. Essa desigualdade se reflete nessa criminalidade que vitimiza a mulher. A mulher é a ponta frágil; basta nascer mulher para estar em risco de sofrer esse tipo de crime. E eu acho que a imprensa tem um papel importante, e tem cumprido até muito bem esse papel, de trazer à tona o tempo todo os problemas, os casos importantes de violência contra a mulher, para que as pessoas falem "Epa! Isso aqui não pode!". Às vezes, as pessoas falam "Ah, você não tem lugar de fala, você é homem", mas essa não é uma questão das mulheres, essa é uma questão da sociedade, nós estamos todos juntos. E todos os homens são filhos de uma mulher, têm uma irmã ou têm uma filha... somos uma coisa só; a gente tem que pensar assim. Então, a ideia do livro surgiu dessa forma.

GR: – Nesse ponto, eu acho que é superimportante frisar que não existe lugar de fala quando estamos tentando justamente combater questões culturais. Então, o que é uma relação abusiva? Não necessariamente as pessoas conseguem perceber quando estão vivendo uma e o que dela pode derivar. Eu coloquei o trailer do curta no feed do meu perfil, caso vocês queiram assistir. Tem

só o trailer porque a maioria dos curtas que o Wagner fez, ligados a músicas e músicas ligadas a temáticas históricas e culturais também, foram premiados internacionalmente em vários festivais, e o "Sobre Ela" também está nesse ponto. Por isso, a gente não consegue divulgar o curta para todo mundo.

WC: – É até um pouco frustrante, porque as pessoas querem assistir o curta e eu ainda não posso mostrar; só em ambientes fechados, porque alguns festivais exigem ineditismo, e o ineditismo para eles é não estar disponível na rede. Por isso o curta ainda não está liberado. No canal da banda Urca Bossa Jazz tem um trailer também, diferente do que você ancorou agora na sua página. Até gosto mais do que você está ancorando lá porque ele conta a história de outra forma, ele faz o convite de uma forma mais sedutora para o telespectador. Nós começamos em 2015... Eu digo nós porque esse trabalho não é individual; eu trabalho muito com animação e não sou animador. Então, eu tenho pessoas que me ajudam. Começou com o Gabinete de Artes, do Axel Sande, e depois com pessoas da equipe dele, que ele mesmo indicou. Hoje, o Lucas Chewie me ajuda demais, ele tem sido o diretor de arte, é um superdesenhista, animador, e nós trocamos muitas ideias. Por isso, eu às vezes vou falar na primeira pessoa do plural, porque eu não considero nada do que eu tenha feito nessa área como algo individual. E o objetivo também não é individual; é um objetivo coletivo, social, de conversar, de tocar as pessoas que ainda não pararam para pensar nesse assunto. Claro que quem vive uma relação problemática, abusiva, já está pensando nesse assunto há mais tempo, mas existem pessoas que não passaram por nada disso, que não viveram violências próximas a elas e que podem ainda não se sentir tocadas. Algumas, sim, por sensibilidade, porque estão ligadas, estão lendo o jornal, as mídias todas. Mas, então, em 2015, nós fizemos um vídeo chamado "Saudades do Raul" em comemoração aos 70 anos de Raul Seixas. Inscrevemos no Anima Mundi e ele foi selecionado. E o Anima Mundi é o principal festival de animação do Brasil. No ano seguinte, tivemos outro vídeo também no Anima Mundi. A partir daí, nos inscrevemos também em festivais fora do Brasil. Então, nossos vários vídeos têm sido inscritos em festivais, têm sido premiados em alguns. E o "Sobre Ela" já está selecionado até hoje em 20 festivais, tendo sido premiado em 4. Alguns deles ainda estão acontecendo. E acaba de chegar a notícia de mais uma seleção oficial, de um festival na Filadélfia. Então, ainda estamos aguardando a resposta de alguns festivais e alguns desses de seleção oficial estão em andamento. E ficamos na torcida, porque o importante é tocar no tema. E que festivais são esses? São festivais de vários países. E eu dou preferência quando há uma temática feminina; alguns tem uma categoria "empoderamento da mulher", "causas de gênero"... eu procuro esses festivais e dou preferência a eles pela pertinência temática com o vídeo que foi feito.

GR: – E isso é muito interessante porque, na verdade, os festivais também são portas para abrir e mostrar a sua música conectada a uma história, contando uma história. E nessa questão do "Sobre Ela", você teve a produção do curta e sua colocação nos festivais, e a produção do livro, que foi seguindo a partir do roteiro em direção a esse diálogo que você estabeleceu e retrata tão bem no livro. A gente já teve algumas discussões e debates em torno do livro e de alguns artigos

publicados, em que você vai analisando questões culturais, questões que se judicializaram, para poder justamente tratar dessa temática e levantar a bandeira da importância de falar sobre o tema, de falar sobre elas.

WC: – Isso! Sobre elas, sobre eles, sobre nós, sobre tudo. A gente precisa muito falar porque é um assunto muito sério. Eu acho que a grande questão é que não estamos falando de algo abstrato; estamos falando de algo muito concreto. Às vezes, esse algo muito concreto pode não estar próximo da gente, pode não ser a casa do vizinho. Às vezes, pode ser a casa do vizinho também. Mas ele é sério, é grave; ele deixa mulheres enredadas em relacionamentos em que elas ficam muito sozinhas e sem saber o que fazer. E essa demora em tomar uma atitude pode custar a vida dessa mulher, porque ela está numa situação de violência psicológica, de violência verbal, de violência física. E os homens que praticam essas violências são os homens que acabam matando. Então, essas mortes realmente acontecem. A gente viu nas pesquisas que, minimamente, três mulheres são vítimas de feminicídio por dia nas mãos de companheiros ou ex-companheiros. Então, a gente precisa saber que, enquanto a gente está aqui conversando, várias mulheres estão sendo agredidas e serão agredidas. Essa não é uma questão que possamos encarar com romantismo, dizer que a gente vai acabar com este problema. Não vai. Nós temos que conversar, temos que buscar soluções coletivas para a redução dos casos através do melhor tratamento possível, que passa pela lei, sim, mas não é só pela lei. Nós temos o hábito até de ter muitas leis, então, não é propriamente uma falta de lei. Às vezes o problema é a distância entre o que a lei determina e a efetividade dessa lei. E, no caso da mulher vítima, que está vivendo uma situação de dificuldade, de muita introspecção, de falta de apoio, ela não sabe o que fazer. Então, ela tem que saber que ela pode fazer várias coisas, que ela tem portas onde bater. Quem eu procuro? Sua rede próxima, seus parentes da sua confiança, seus amigos da sua confiança. Divida o problema com eles, converse com eles, bata na porta também do 180. Não sabe o que fazer? Ligue para o 180 e converse com a central de atendimento à mulher. O Brasil inteiro conhece o 190, que é o número da PM. O Brasil inteiro tem que conhecer o 180 também. E quem estiver em situação de dificuldade ou quem souber de alguém em dificuldade nessa área e quiser uma orientação, ligue para lá porque eles têm uma escuta qualificada para esse tipo de questão. Tem o telefone 100 também, que eu gosto de divulgar, que é uma outra opção importante.

GR: – E tem o símbolo também. A possibilidade de marcar na mão e poder buscar essa ajuda onde for possível. Quer dizer, a gente já criou mecanismos na sociedade para que se possa alertar que uma mulher está em perigo, e a outra pessoa também se torne responsável por ajudar.

WC: – Os estudos apontam que, até por causa da pandemia, houve um agravamento das situações de violência doméstica. E surgiram algumas leis em algumas unidades da federação, do seguinte tipo: você é síndico? Se tiver ciência de alguma questão dessa natureza no seu condomínio, você está obrigado a procurar a polícia, a procurar as autoridades, porque senão vai ter uma repercussão para você. É claro que isso varia, são legislações locais. Vai ser muito importante quando tivermos uma lei federal sobre o assunto, porque aí haverá uma uniformização, por exemplo, se tiver que ter alguma criminalização para a conduta desse síndico. Porque ele não pode fingir que não sabe. A pessoa não pode estar sofrendo, estar sendo agredida, gritando, estar acontecendo algo grave, um flagrante delito, e o síndico pensar "Não, não é comigo. Em briga de marido e mulher, não se mete a colher", aqueles chavões que a gente conhece, que fazem parte da cultura.

GR: – Que estão na cultura, na música... Fica mesmo uma discussão da gente poder reposicionar essa questão. Sim, somos responsáveis pelo que está acontecendo do lado. Ainda mais se sabemos que isso pode estar acontecendo. Esse é um debate que também explicita o limite do próprio sistema que foi criado. Por exemplo, a questão das delegacias: você chega lá e faz uma denúncia, quem vai recepcionar essa denúncia, quem vai tomar conta? A pessoa volta para o mesmo lugar onde ela é vítima dessa violência, então, quem vai garantir que ela não vá sofrer quando voltar? Como o agressor vai saber que foi denunciado? São questões muito sensíveis e que vão gerar reações que às vezes não podem ser medidas ou controladas.

WC: – Sim, a mulher que está nessa situação vive muitos medos. Exatamente o que você está dizendo. "Tá bom, eu fui na delegacia. E agora?" No Rio de Janeiro, e não só na Comarca do Rio, mas em algumas, temos o Projeto Violeta. Minha colega juíza Adriana Mello está à frente desse projeto, que busca fazer com que aquele momento em que a mulher procura o

Juizado da Violência Doméstica e Familiar contra a Mulher deixe de ser um processo que levaria alguns dias para durar apenas 4 horas, da hora em que registra a ocorrência até a hora da medida de afastamento ou a medida que for. Então é para ser, vamos dizer assim, uma "justiça express". Mas tudo depende da gravidade da situação. Dependendo da situação, aquela mulher tem que buscar sair daquela casa, sair daquela situação com sua prole, se ela tiver prole, e buscar um abrigo. Nós temos delegacia especializada em atendimento à mulher? Temos. Temos abrigos? Temos. Temos delegacias dessa natureza e abrigos suficientes? Não temos. Com esse debate, também precisamos sensibilizar os chefes de executivo, especialmente de governos estaduais, para que eles percebam que essa precisa ser uma prioridade de governo. Eu sei que é uma cadeira muito difícil de se sentar, é preciso repartir a atenção entre tantas coisas, várias pastas, mas essa é uma questão pela qual as pessoas sofrem e as pessoas morrem. Então, para alcançarmos um melhor patamar civilizatório, precisamos enfrentar isso, precisamos equacionar isso e debater muito também, porque nesse debate a gente busca soluções. Através de vários estudos, sabemos que essa violência se reduz na medida que a mulher tem uma participação mais ativa na sociedade, no trabalho, na hora em que a partilha do poder na sociedade está melhor equacionada. Mulheres participando dos poderes da República, em cargos-chave, na posição de presidente de Tribunal, de governadora, de deputada, de senadora, Presidente da República... e nas empresas também, como diretoras, CEOs, presidentes de empresas. Precisamos ver mulheres participando cada vez mais dessa vida econômica ativa e alcançando os cargos de poder. Quando a mulher está empoderada, ela está numa situação diferente, é uma outra coisa que eu digo muito. O que é você ter poder? Em primeiro plano, é poder determinar a sua vida do jeito que você quer. Ótimo. E quando você tem mais poder? Quando você também determina a vida dos outros, quando você contribui para a vida dos outros. Então, temos uma estrada de empoderamento da mulher que está sendo trilhada. As mulheres estão cada vez mais no mercado de trabalho, estudando. Ainda temos várias questões, a mulher em mesma posição que o homem e ganhando menos... é uma briga, um cabo de guerra. E como essa questão tem raízes na cultura, tem coisas que ninguém combinou com ninguém; elas são assim. Não deveriam ser, mas elas são. E aqueles homens que ocupam posições em que estão vendo uma mulher subjugada ou desrespeitada ou tratada de uma maneira desigual ou sem as mesmas oportunidades ou sofrendo assédio no ambiente de trabalho, que também é um outro problema que existe, esses homens estão reproduzindo a cultura que aprenderam, e dentro dessa cultura temos violências; eles reproduzem as violências, violências verbais. Quem já não teve na vida um chefe irritado, que gritava. Isso não é normal. "Ah, ele é assim, ele é temperamental e aí faz isso. Mas como ele tem um coração grande e gosta de todo mundo, tem horas em que ele até dá presente". A gente tem um convívio com uma violência verbal que parece natural e que tem, a meu ver, uma origem no passado, que envolve a escravidão que houve no Brasil, que foi a escravidão que terminou mais tarde nas Américas e que é uma mancha na nossa história. Nessa época as pessoas tratavam o outro, no caso o escravo, como um objeto, que poderia ser castigado, poderia ir para o pelourinho, sofrer uma punição na frente de todo mundo... E se você é uma criancinha que nasce assistindo aquilo... se você é o filho do escravo que está na senzala, você vai viver uma vida de pavor e medo. Se você é o filho do senhor de engenho, você vai achar que aquilo ali é o que se faz, papai está trabalhando, está coordenando o capataz. E você vai vivendo essas violências. Minha avó materna me contava que, quando ela era jovem, tinha palmatória na escola, tinha o ajoelha no milho, e coisas assim. Isso tudo é muito ruim. E quando convivemos com essas violências, elas são naturalizadas e até banalizadas. O problema disso tudo é quando a gente não reconhece o outro. É uma questão de alteridade que tem que fazer parte da nossa vida o tempo todo. Nessa questão da igualdade de gênero, nós gostaríamos de ter uma sociedade livre de crimes contra a mulher, mas eu acho que agora nós estamos brigando por um equacionamento, uma redução, uma conscientização, uma prevenção. Que homens são esses, que fábrica de homens agressivos é essa, que meninos são esses? São meninos que assistiram o pai batendo, alguns quando bebiam e outros que nem precisam de beber, era parte do temperamento... Então, nós precisamos quebrar o ciclo de violência, porque a violência não é inventada, ela é reproduzida. Alguém aprende aquilo, são símbolos dentro da sociedade. E essa é uma questão dentro do livro e desses artigos que você mencionou que eu tenho escrito.

GR: – Wagner, tem uma questão que eu acho sensacional: você conseguir juntar tudo e dar um direcionamento para um tema tão fundamental nos dias de hoje. A pandemia evidenciou essa questão da violência, temos um problema de comunicação. A própria justiça já trabalha mediação em todas aquelas teses de comunicação não-violenta. Como é que você começa a eliminar os níveis de violência que estão na própria relação

sem que as pessoas sequer tenham consciência disso? Trazer para esse nível da consciência é uma questão, mas certamente existe uma expectativa em torno de um desembargador falando sobre esse tema: como se resolve isso? E eu queria saber, na perspectiva do homem Wagner Cinelli, que tem o braço da cultura a questionar isso a partir de um curta-metragem de 5 minutos que resume o que é a questão da violência contra a mulher, a escalada da violência que acontece dentro de uma relação até chegar ao óbito. Tem esse viés da cultura, da música, e começa a perceber que o que está registrado na cultura também precisa ser questionado. Você é pai de uma mulher, de uma menina, e marido, e tem isso como um valor muito forte. Então, como você trabalha essa questão? Qual é a sua visão pessoal sobre isso?

WC: – Interessante. Você fez algumas colocações e algumas perguntas. Eu vou tentar responder a todas. Eu sou magistrado, sou desembargador, juiz de carreira desde 92. E o que eu percebo é uma expectativa da sociedade fora do trabalho, quando a gente está com os vizinhos, com os amigos, para que sejamos um "super-herói jurídico", que vai resolver ou vai ter soluções para todas as questões e todos problemas. Não somos. Aliás, meu pai, que já não está entre nós, falava assim "juiz pensa muito para resolver um problema com imparcialidade, mas ele às vezes não dá solução como um advogado, que tem que solucionar os problemas que o cliente leva". Porque, realmente, são duas formas diferentes de tratar das questões, são enfoques diferentes. Então, o juiz não é um super-herói jurídico; ele erra, até dentro dos processos. Claro que procuramos acertar o tempo inteiro, mas dentro do Direito nós temos situações em que você às vezes tem mais de uma interpretação. Eu percebi esse problema da violência quando estava em Petrópolis, na Comarca de Petrópolis, na Segunda Vara Criminal, onde eu fui titular por 6 anos. Foi quando entrou em vigor a Lei 9.099, que trata dos Juizados Especiais Cíveis Criminais. Ainda não existia um Juizado Especial Criminal, mas já tinha aquele procedimento para os chamados crimes de menor potencial ofensivo, e naquele momento, no final do ano de 95, aquilo obrigou as delegacias a encaminharem os inquéritos, que ficavam muitas vezes parados. Com isso, eu passei a ter a impressão de que estava acontecendo uma pandemia de homem agredindo mulheres, porque eu comecei a receber muitos inquéritos dessa natureza. Eles tinham que vir para o fórum, iam para o promotor, do promotor vinham para o juiz e as partes tinham que ser convocadas. E eu perguntava sempre para as partes, para a mulher "A senhora já foi à delegacia antes?". "Ah, meu filho, já fui várias vezes, e não aconteceu nada, não. É a primeira vez que eu venho no fórum". Então, havia casos de mulheres que já tinham ido algumas vezes à delegacia. Em um caso ou outro, era a primeira vez que a pessoa estava procurando ajuda, mas a maioria tinha muita frustração por já ter procurado a delegacia outras vezes sem nada acontecer. E, do ponto de vista da polícia, eu conversava com os policiais também, eles tinham uma impressão de que quando briga de marido e mulher chegava à justiça não dava em nada, não acontecia nada. Eles usavam um termo que era "feijoada". "É feijoada, depois eles estão bem de novo"... Mas, você pode ter um casal que depois ficou bem de novo, e outro em que a mulher morreu! Não é simplista assim. Sua outra pergunta tem a ver com essa minha aproximação da cultura. Eu procurei juntar esses ingredientes todos para poder pensar questões sociais. Então, a partir do universo da música, eu comecei a tocar em questões sociais, primeiro com Kekerê, que trata da discriminação racial, escravidão e memória social; depois com Acaiaca, que trata da questão indígena, da exterminação que aconteceu nas Américas pela invasão, dominação e sucessão dos povos ameríndios pelos europeus que aqui chegaram. Então, para pensar, para refletir... Depois cheguei no "Sobre Ela", que é o tema em que estou me debruçando agora e não vou parar nunca porque eu estou vendo nele uma seriedade, uma gravidade, uma urgência que a gente não deve ficar calado, temos que participar disso. E tinha mais uma questão que você trouxe, que se você puder me ajudar, eu complemento as respostas.

GR: – Era sobre o Wagner pai.

WC: – Ah, sim! Tinha uma coisa daí que eu queria falar. A minha mãe era dona de casa e uma mãezona, sabe? Querida de todos, uma figura excepcional. E a minha avó materna morava principalmente com a gente. Ela era uma avó muito especial e muito sofredora na vida. Ela era a caçula, a décima quinta filha de um pai português, que faleceu quando ela tinha 15 anos. Ela se casou e ficou viúva cedo, quando minha mãe, que é a segunda filha, não tinha nem dois anos. E ela reclamava assim "quando o meu pai morreu, meus irmãos passaram ao papel de pai. Quando eu me casei, o meu marido ficou na posição de comando. Aí eu fiquei viúva cedo e meus irmãos voltaram a me vigiar e a cuidar". Eu estou falando dos anos 40, e a minha avó era uma mulher meio enfezada, meio briguenta, e ela seguiu a vida dela. Trabalhou como bilheteira no cinema de Vila Isabel, da Vinte e Oito de Setembro, a vida quase toda e era costureira. A irmã dela era uma costureira de sucesso e ela ajudava a irmã, fazia as costuras dela, e seguiu a vida, criou as filhas... E eu contei da minha mãe e da minha avó para dizer que o meu ambiente de infância e de juventude teve muitas mulheres em volta. A minha família é muito grande, eu tenho trinta primos de primeiro grau. E muitas primas mulheres, quase todas mais velhas do que eu. Então eu convivi com muitas mulheres e nunca me incomodei de receber ordem de mulher, eu gostava. Não me incomodava. Eu me incomodava de receber ordens de homem, porque as pessoas às quais eu tive subordinação e que eram as mais mandonas não eram mulheres, eram homens. Eu tive chefe mulher que foi maravilhosa. Trabalhei no intercâmbio com a Beth Ramos Albuquerque e outras. Então, eu tenho essa visão e estou falando agora de um aspecto muito individual, muito pessoal, que eu acho que é o que você quis tocar. Eu estou contando essas coisas da minha vida e da minha família e da minha relação com as mulheres nesse sentido. Eu convivi com muitas mulheres e sempre foi muito bom, nunca me incomodei de atender a seus comandos porque eram comandos amorosos, muitas vezes, de outro jeito. Por isso, fico com as mulheres.

GR: – Isso é muito bacana, Wagner, porque você está falando sobre aspectos que vão compondo essa tua personalidade e que também acabam sendo colocados como ingredientes tanto no livro quanto no curta. Quando você falou, por exemplo, da experiência da polícia, que eu não conhecia, dessa coisa do JECRIM, do Juizado Especial Criminal, a gente consegue ver a

cena daquela pilha de papéis, a mulher fazendo a denúncia e o policial colocando ali naquela pilha. Quem já teve proximidade com algum caso assim entende que a velocidade é muito fundamental, é e por isso essas 4 horas que você mencionou às vezes são cruciais. A violência numa relação fechada, em que as pessoas estão dentro de uma casa, acontece muitas vezes em vários níveis... quando chega à agressão ela já está escalando há muito tempo. E começa às vezes no desentendimento sobre coisas básicas do dia-a-dia. O sair disso é muito complicado quando você, por exemplo, tem a dependência econômica. Na maior parte das vezes, um dos quadros que explicam a não saída da mulher daquela situação é a dependência econômica, é não saber para onde ir ou quem procurar para poder ter um apoio e sair daquela situação. Então, são questões que precisamos tratar com muita sutileza, muita leveza, e pensar, como seres humanos, como é que a gente consegue agir de forma a não reforçar esses estereótipos. Porque existe muito julgamento também. Quando a mulher é vítima de violência e acontece alguma coisa, a primeira coisa que se pensa é “Ah, eu vou me meter nisso e depois ela vai estar lá, beijando ele de novo”. E não entende que há uma dependência emocional, que estamos falando de uma relação que é muito mais profunda, que envolve um monte de coisas. Então, entender e conseguir identificar quais são os momentos de perigo, quais são os pontos da relação que começam a ficar doentios talvez seja um ponto interessante para se trabalhar ao falar sobre o assunto.

WC: – É, e você tocou em uma questão muito importante, que é: "Ah, depois eles tão lá se beijando. Eles brigaram e o homem bateu, o homem agrediu, depois eles estão lá se beijando". Isso acontece porque existe o ciclo da violência, o também chamado de "espiral da violência". O termo foi proposto por uma psicóloga americana, a Lenore Walker. Ela identificou que existem três fases muito marcantes: o momento da tensão, quando ocorre o estressamento na relação; o momento da explosão, que é o momento da agressão; e, depois, o que ela chama de *honeymoon*, que é lua de mel, o momento do perdão ou do "deixa prá lá". No livro, eu falo disso como se fosse um vulcão; um vulcão que está ficando com muito magma quente, precisando explodir, depois ele explode, e aí ele arrefece. A mulher está lá beijando ele depois que houve a explosão, depois que houve a agressão, porque aquilo é uma fase do ciclo da violência. É esse ciclo que precisa ser quebrado. E essas mulheres que estão sofrendo com uma relação abusiva estão passando por esse ciclo, porque esse ciclo é repetido, ele vai se repetindo e costuma ter agravamentos. Às vezes, pensamos "Ah, mas ela não sai, ela não faz nada". Ela não faz nada, mas ela faz algo que a gente não sabe, ela está lidando com aquele homem, com aquele temperamento, e ela faz coisas naquela relação, naquele lar, para minimizar o impacto da agressão, para que aquilo reflita menos nos filhos, ela protege a prole, ela está se virando. O fundamental é que é preciso falar sobre isso e essa pessoa precisa buscar um socorro. Ela tem que entrar em contato com as pessoas próximas a ela, com a rede própria, com o que o Estado oferecer, recorrer ao 180, ao número 100 também, à própria polícia militar, à delegacia de atendimento à mulher. Em alguns casos, é muito difícil, porque sabemos que ela vai lá, vai reclamar, vai voltar, vai ter talvez algumas retaliações. Por isso, nós temos no Brasil inteiro as experiências das patrulhas e das rondas Maria da Penha, que têm sido muito importantes, bem como o abrigo e o apetrechamento das delegacias de atendimento à mulher. Ainda temos menos do que deveríamos, mas precisamos saber que existe e aquela pessoa que está vivendo aquilo precisa saber como acionar porque ela precisa pedir socorro. Nesta semana, um artigo meu que fala sobre flores foi publicado no Consultor Jurídico e nele eu faço referência a um poema de uma americana chamada Paulette Kelly. Basicamente, aquele poema traz a fala de uma mulher: "Olha, eu recebi flores hoje. Ontem nós tivemos a nossa primeira briga; foi meio chato, mas ele me mandou flores, ele me pediu perdão". Ela entendia as flores como um pedido de perdão, e ela vai seguindo a poesia, vai fazendo as estrofes, cada vez tendo um agravamento da situação, para poder dizer "ontem ele me agrediu, mas hoje ele me mandou flores". E isso segue até que, o último buquê de flores, ela não recebe fisicamente porque é para o enterro dela que ele manda as flores, para o funeral. A questão é essa: essas flores são uma armadilha, esse pedido de perdão é uma armadilha, é perigoso. A tendência é a repetição. Nesse tipo de relação, é muito difícil que a agressão aconteça uma única vez. Nunca é assim. Uma vez, em São Gonçalo, onde eu fui juiz da Primeira Vara de Família, eu tive o caso de um homem que, depois de 10 anos de casamento, agrediu a mulher. Ela, então, pegou os dois filhos e foi embora; sumiu. E ele veio à Vara de Família oferecendo alimentos. No fundo, o que ele queria é que a justiça o ajudasse a encontrar a mulher dele porque ele não sabia para onde ela tinha ido. Eu lembro que no final dessa audiência, quando entendi que o objetivo dele era esse e ele me contou que a tinha agredido, ele falou "Eu nunca tinha feito nenhuma agressão antes; foi a primeira vez". E começou a chorar igual a uma criança porque ela sumiu. Esse quadro, de a pessoa romper diante da primeira agressão, não é muito comum. Claro que há várias formas de romper. A que essa mulher encontrou foi sumir. Eu não sei qual seria a versão dela, eu só escutei a versão dele, e na magistratura a gente tem a necessidade de escutar todas as versões. Então, essa mulher, diante do primeiro problema, saiu daquele universo e nunca mais voltou, até onde eu acompanhei, pelo menos.

GR: – Hoje em dia a gente falaria que ela fez a coisa certa. Não se pode emitir juízo nesse momento, mas...

WC: – Eu tinha uma colega minha que, de brincadeira, falou assim "Ai, eu estou separada há tanto tempo, estou procurando um namorado e não estou achando. Eu acho que um tapinha a cada 10 anos, sei lá, né?" Estou contando isso porque é engraçadinho, mas, o que está por trás desse meu comentário é, nessa seara, a gente precisa fugir de todos os comentários ou todas as anedotas e tudo o que tiver um resquício machista, sexista. Temos que aprender a não achar graça dessas coisas, a não rir dessas coisas. Outro dia me perguntaram se, quando eu era jovem, eu achava graça. Eu já ri de piada machista na minha juventude. Hoje eu não vejo a menor graça, eu fecho a cara. Porque temos que dar a volta por cima disso tudo e isso não pode ter graça. Imagine piadas escravagistas? Naquela época, elas talvez tivessem graça para algumas daquelas pessoas. Imagina alguém contar uma anedota daquela natureza hoje? É completamente fora do mundo. Eu quero que seja assim, eu espero que seja assim para tudo o que for contrário à mulher, para tudo o que coloque a mulher para baixo. Essa é uma pegada que eu tenho, de querer trazer a cultura o tempo inteiro para ajudar a gente a entender isso melhor. A cultura explica muita coisa, é a antropologia que vem junto também. Então, todas essas piadas contra a mulher... "lugar de mulher é na cozinha", "esquenta a barriga no fogão e esfria na pia", a gente tem que fugir disso, isso não tem a menor graça. "Ah, mulher dirigindo é um perigo"; bobagem! O *Ever Given* travou o canal de Suez e a piloto era uma mulher: hahaha[III]. Não tem a menor graça! Porque tem um monte de outros navios comandados por homens que afundaram. Outro dia, na Itália, houve uma tragédia, o capitão quis fazer uma gracinha e o navio naufragou[IV]. Temos que fugir de qualquer comentário dessa natureza e não compactuar com isso. Porque a cultura é retroalimentada, e a gente quando fala está sendo ouvido pelos menores, pelos da mesma idade, pelos mais velhos... e as pessoas que convivem com a gente e que nos admiram, se a gente fala alguma coisa muito boa, elas vão pensar nisso; mas se a gente retroalimenta fatores negativos, isso não é bom.

GR: – Você trouxe uma coisa que é fundamental: a história é dinâmica, quer dizer, a construção da história é dinâmica. Então, esses processos têm que ser entendidos e têm que ser combatidos nessas sutilezas que mantêm, através da brincadeira, do chiste, coisas que não são mais aceitáveis. E eu acho que tem todo um trabalho a ser feito também sobre o reconhecimento da natureza das relações. Outro dia eu assisti um TED, eu não estou conseguindo acessar aqui para poder me lembrar do nome da palestra, mas falava so-

---

III. Apurou-se posteriormente à entrevista que o capitão do *Ever Given* era um homem.

IV. Referência ao naufrágio do *Costa Concordia*.

bre relações abusivas e contava de uma organização americana criada por pais de uma adolescente que foi morta pelo namorado. Eles tratam de discutir nas escolas o que é uma relação abusiva, fazendo desenhos e falando. O que é amor e o que não é amor? Amor é você sentir saudade, mas se você fica obcecado pela pessoa 24 horas e começa a olhar no celular para onde ela foi, isso não é amor. Então, eles mostram através de pequenas sutilezas, que servem para nós entendermos um pouco mais como as pessoas se comportam, quais são as atitudes em que temos que ficar de olho e que são essenciais. Porque não existe violência sem sinal anterior. Quer dizer, as pessoas percebem nas pequenas maneiras... até no filme isso fica muito claro. Vocês conseguem mostrar isso no próprio trailer, na maneira como ele pega o braço dela e que isso se repete ao longo do tempo no filme. Existem traços sutis que podem ser observados e ajudam a gente a começar a entender o que é amor e o que está em outro lugar e precisa ser combatido.

WC: – No livro, eu coloco alguns casos que eu levantei... na verdade, eu levantei centenas de casos. Escolhi alguns para poder colocar no livro, mas era uma pandemia de casos. Então, um que me interessou muito foi o de uma jovem do interior de Santa Catarina, uma moça que não tinha convivência com violências e nada disso. Ela arranjou um namorado que começou a ter atitudes de censura em relação a ela. "Não diz isso, não faz aquilo". Começa com uma dominação. E, depois, ela diz "Depois, ele ficava me beliscando, ficava me cutucando, me repreendendo. Depois, ele começou a me agredir". Aí ela conta que, um dia, na praça pública, ele ficou irado e começou a agredi-la muito, ela achou que fosse morrer naquele dia. Ela se fingiu de desmaiada para que ele parasse de bater, para passar aquele momento, e ele foi embora. E ela foi à delegacia e descobriu, porque foi à delegacia com as amigas e com pessoas conhecidas, que várias outras mulheres, inclusive do relacionamento dela, já tinham passado por coisas semelhantes. As pessoas não contam, elas têm vergonha; isso é uma coisa que você não divide com o mundo.

GR: – Eu fiquei toda arrepiada agora. Porque eu já ouvi uma história exatamente igual a essa, quer dizer, da descoberta na hora em que está na delegacia de que aquela pessoa era violenta à beça, e você não tem noção do perigo que você está correndo.

WC: – Ah, sim. Ela descobriu sobre outras pessoas que viveram situações semelhantes, não com o mesmo agressor, mas há vários casos de pessoas que, quando passam por isso, descobrem que aquele homem tinha um comportamento igual com as namoradas anteriores, com as companheiras. Ele é coerente com aquele comportamento agressivo, há uma permanência. Então, essa moça foi à delegacia, descobriu que aquele problema era sério, era uma coisa que atingia as pessoas de uma maneira que ela não imaginava, e passou a ser uma ativista, incentivando outras mulheres a procurarem a polícia, a se mexerem, porque essa é a questão: tem que ser na prevenção. Falamos sobre a prevenção na educação do jovem para que ele tenha respeito, para que o mundo seja baseado na igualdade, mas, o ponto importante da prevenção é a mulher que está numa relação que começa a se mostrar abusiva entender que aquele primeiro sinal não é um sinal amarelo, é um sinal vermelho. Aquilo é muito sério, ela não pode deixar passar, porque, se ela deixar passar, aquilo se repete, e se repete com maior gravidade. E daqui a pouco se torna parte da vida dela e ela acha que é normal ser assim. E não é normal. Então, ela precisa pedir socorro, ela precisa se movimentar. Eu sei que é difícil, mas parte do que estamos fazendo, e que eu acho que a imprensa tem feito até muito bem, é alertar para isso, porque, infelizmente, temos tido casos trágicos de feminicídio. No ano passado, no final do ano, no início desse ano, vários. Eu perdi minha colega, a juíza Viviane, que eu conhecia, de quem gostava muito. Eu nunca imaginaria que ela tivesse um problema daquela natureza exatamente por isso, as pessoas não ficam falando desse assunto. Isso não é motivo de orgulho. As pessoas ficam incomodadas, não querem dividir aquilo. Elas não dividem outras coisas até menos gravosas, vão dividir aquilo? Não contam. Mas elas têm que bater nas portas que elas tiverem, procurar a família próxima, os amigos, buscar apoio. Às vezes elas não encontram o apoio na família. Às vezes, dentro daquele núcleo familiar, acham que não é muito bom, mas é melhor assim. Mas o importante aqui é que a pessoa tenha uma vida saudável e que ela tenha uma vida. Então, para isso, ela tem que sair da relação que tem como tônica a agressão, porque esses homens que agridem são os homens que matam. Não dá para você saber que aquelas flores que chegaram vieram para o seu funeral porque você perdeu a oportunidade de falar quando podia. Tem que falar.

GR: – Entender os sinais, manter-se alerta e vigilante à sua história e a das mulheres ao seu redor. Essas são algumas das medidas que o Wagner compartilhou com a gente hoje. Saber o que fazer nesse momento tão frágil, quando o amor pode matar, é crucial para garantir a vida. As políticas públicas precisam avançar, mas nada é mais importante do que estarmos vigilantes com amigas, mães, irmãs, chefes, enfim. O feminicídio é um assunto de todos, homens e mulheres, e espero que o episódio de hoje tenha ajudado a mostra isso. Voltaremos na semana que vem com mais conversas de impacto por aqui. Se inscreva no canal para não perder! E se você acha importante que mais pessoas se envolvam e debatam, compartilhe esse papo. Até quarta que vem!

WAGNER CINELLI, OBSERVADOR ATENTO DO MUNDO[39]

(Paulo Alonso – Monitor Mercantil – 26/08/2021)

Observador atento da sociedade e sua movimentação, no tempo e no espaço, Wagner Cinelli de Paula Freitas acaba de lançar o livro *Sobre ela: uma história de violência*, no qual propõe um olhar multidisciplinar sobre a violência contra a mulher. O tema é desenvolvido com muita propriedade, lucidez e delicadeza, a partir da desigualdade de gênero, abordando também a evolução legislativa, programas e políticas públicas que são desenvolvidos no Brasil.

Desembargador do Tribunal de Justiça do Rio de Janeiro, membro do Fórum Permanente de Antropologia e Sociologia da Escola da Magistratura e mestre em *Criminal Justice Policy* pela *London School of Economics and Political Science*, Reino Unido, Wagner Cinelli é também autor da obra *Espaço Urbano e Criminalidade: lições da Escola de Chicago*, vencedora do VI Concurso de Monografias Jurídicas do Instituto Brasileiro de Ciências Criminais.

O livro de Wagner Cinelli aborda um tema que dificilmente poderia ser mais pertinente nos dias atuais, onde a mulher continua sendo vítima, dia após dia, da intolerância de companheiros e de ex-companheiros. A cada nova onda de denúncias de crimes bárbaros, hediondos e violentos, surgem, fortemente apoiadas pela opinião pública e pela mídia, propostas de políticas públicas de segurança baseadas no aumento da repressão policial.

Buscando alternativas, Wagner Cinelli procura escapar de uma dicotomia por ele muito bem observada e pontuada em sua obra. Por um lado, as Ciências Jurídicas se especializaram sem incorporar contribuições recentes das Ciências Sociais; por outro, essas últimas procuram respostas para a violência urbana sem terem controle de um amplo leque de condutas, debates travados na promulgação de leis criminais e mudanças de concepção no policiamento das ruas e implementação de penas que vem sendo desenvolvidos por agentes competentes.

O autor, com brilho e de forma metodológica e didática, coloca o leitor frente a novas perspectivas de controle do crime, objetivo caro à Criminologia e à Justiça Criminal, que se voltam basicamente para um conjunto complexo de práticas e funções institucionais.

Wagner Cinelli é graduado em Direito pela UFRJ e também concluiu o curso de Ciências Sociais pela Uerj. Logo, une esses dois conhecimentos e faz um diálogo perfeito, em sua narrativa muito bem construída e desenvolvida, ao longo de 12 capítulos desse livro, entre o Direito e as Ciências Sociais. O resultado do trabalho é simplesmente magnífico, com uma linguagem factível.

A também escritora e juíza Andréa Pachá, mestra em Saúde Pública e Direitos Humanos, no prefácio da obra, escreve: "Wagner Cinelli conhece bem esse tema, não somente em razão da magistratura, que exerce com humanidade, sempre ocupado com a afirmação dos direitos fundamentais e dos princípios civilizatórios que nos trouxeram até aqui. Ele é um homem insistentemente indignado com as desigualdades que ofendem, machucam e matam."

Na contracapa do livro, Adriana Ramos de Mello, juíza titular do I Juizado de Violência Doméstica e Familiar contra a Mulher da Comarca do Rio de Janeiro e doutora em Direito Público e Filosofia Jurídico-Política, escreve que a sensibilidade do autor traz a compreensão de que a luta pela igualdade de gênero e o combate à violência contra a mulher devem ser compartilhados por toda a sociedade e não apenas pelas próprias mulheres. "Parabenizo o colega pela coragem da iniciativa e pelas reflexões que certamente a sua obra promoverá para introduzir a ética da igualdade como elemento essencial ao conceito maior da justiça."

A desembargadora Cristina Teresa Gaulia, também integrante do TJ-RJ, doutora em Direito, ressalta que Wagner Cinelli propõe, em sua obra, o diálogo, entre duas faces: mulher vítima de violência doméstica e homem-agressor. "O livro é uma joia rara que instiga e, pelas mãos seguras de Cinelli, nos propõe um mergulho weberiano e uma ponte segura para a melhor compreensão da Lei Maria da Penha."

Durante os anos em que atuou como juiz criminal, na década de 1990, Wagner Cinelli se surpreendeu com a quantidade processos de agressões dos maridos para com as esposas e de como os casamentos continuavam apesar da violência. Engajado na causa, o magistrado decidiu trabalhar em frentes de conscientização sobre a violência de gênero.

Pena que, no Afeganistão, tão conturbado e derretido por uma gravíssima crise social, política e humanitária, sem liberdades e nem muito menos respeito às mulheres, não existam cidadãos corajosos como Wagner Cinelli, que pensam e agem em favor dos Direitos Humanos, lá absolutamente ultrajados.

Antes de publicar o livro, o autor assinou a direção, o roteiro e a música do curta-metragem *Sobre Ela*, lançado em fevereiro de 2020 e premiado no *New Wave Short Film Festival*, na Alemanha, com o troféu da modalidade "Empoderamento Feminino". Cinelli optou pelo filme mudo, uma forma de simbolizar o silêncio que assola as mulheres vítimas de violência, que muitas vezes não podem ou não conseguem sequer pedir socorro.

Na história, a casa se torna um espaço tomado pelo medo. Com cenas que variam entre passado (colorido) e presente (preto e branco), a história reúne conhecimentos da Antropologia, Sociologia, Direito, História e das Ciências Criminais para fornecer uma visão global sobre o tema.

Além de magistrado, Wagner Cinelli é músico e compositor, tem uma banda, a Urca Bossa Nova Jazz, e vem se dedicando à promoção da arte e da cultura, com grande desenvoltura, além de, atualmente, se preocupar em colaborar para conter o avanço da pandemia da Covid-19. Pensando assim, lançou um clipe sobre esse assunto e a canção, interpretada por Vinny, é de sua autoria e da filha, Gabriela Zimmer.

Na descrição do vídeo, eles explicam que são integrantes da Urca Bossa Jazz e reforçam a corrente para o imprescindível distanciamento social, como forma de salvar vidas. Além de Vinny, de Wagner Cinelli e de Gabriela, participam Rodrigo Sha, Fernando Mendes e Rebeca Sauwen. O clipe foi gravado, naturalmente, em casa por cada participante, tendo em vista as atuais condições sanitárias de saúde.

Wagner Cinelli é um homem sensível e antenado com o tempo vivido. Magistrado, escritor, músico, roteirista, cantor e compositor, é múltiplo, despojado, afável, espirituoso e generoso. Os questionamentos sempre feitos em relação aos problemas pelos quais a mulher passa – tais como o que leva o parceiro a transformar a amada em sua vítima contumaz? Como pode o lar, que deveria ser um ambiente seguro, se tornar lugar de tormenta e medo? Por que tantas dessas vítimas insistem na manutenção do vínculo afetivo com o seu agressor? Como quebrar o ciclo de violência? – são respondidos pelo autor de *Sobre ela: uma história de violência*.

As respostas para tantos questionamentos, e que envolvem variáveis tão complexas, exigem um trabalho coletivo e têm como requisito simplesmente falarmos. Parodiando o poeta português Fernando Pessoa, "Falar é preciso". Por isso, precisamos falar *Sobre ela*, e sempre.

E Wagner Cinelli, indo novamente ao encontro do genial Fernando Pessoa, tem nele "todos os sonhos do mundo". E esse mundo, Cinelli vem construindo, com robustez, na aplicação diária do Direito, escrevendo livros, roteiros e letras musicais, tocando na sua banda, exercitando, enfim, a arte de bem servir, com suavidade, disciplina e ética. Afinal, "tudo vale a pena quando a alma não é pequena."

DOMINÓ[V]

(Gabriela Zimmer)

Sobre folha
Folha
Debaixo de folha

Depoimentos acumulados.
Anos reduzidos a frases, palavras, ponto
final.
A espera da vítima de colocar um ponto final
nesses anos reduzidos
e depoimentos acumulados.

Medo do delegado.
esquecer a janela aberta
e todos aqueles anos de injustiça escaparem por acaso,
perdendo-se em espiral.

V. Poema de Gabriela Zimmer, filha do autor, inspirado no curta-metragem "Sobre Ela" e escrito especialmente para este livro.

Mais folha sobre
Folha
Debaixo de folha

Histórias de dominação
em efeito dominó,
derrubando vida atrás de vida atrás de vida atrás de vida...

Silenciadas pelas pilhas nunca recorridas
que crescem silenciosamente nas delegacias,

mulheres.
à espera.
Feitas taciturnas
pela espera.

Ilustração de Duda Thomé

NÃO ESPERE A SUA VEZ[VI]

(Wagner Cinelli)

No começo, uma alegria
Era só beijo com abraço
Mas meu amor, quem diria
Fez minh'alma em pedaço

Berros, ordens, comando
O ciúme não me poupa
Com quem está falando?
Pode trocar esta roupa!

No início, não percebia
O controle no dia a dia
Foi crescendo a agonia
Uma ferida se abria

VI. Poema declamado por Gabriela, filha do autor, na Roda de Conversa EMERJ Mulher, em 08/03/2021.

Primeiro teve discussão
Depois ameaça e agressão
Acostumei, não dei atenção
Não admitia minha prisão

Morria a cada instante
Silêncio, vergonha, medo
Passei a tomar calmante
Escondia meu segredo

Passada tanta desgraça
Finalmente chegou o dia
Cumpriu ele a ameaça
Que há tempos me fazia

Foi na calada da noite
Encurralou-me, afinal
E entre gritos e açoite
Desferiu o golpe fatal

Nada resta ao meu alcance
Nada mais agora importa
Calar matou minha chance
E então agora estou morta

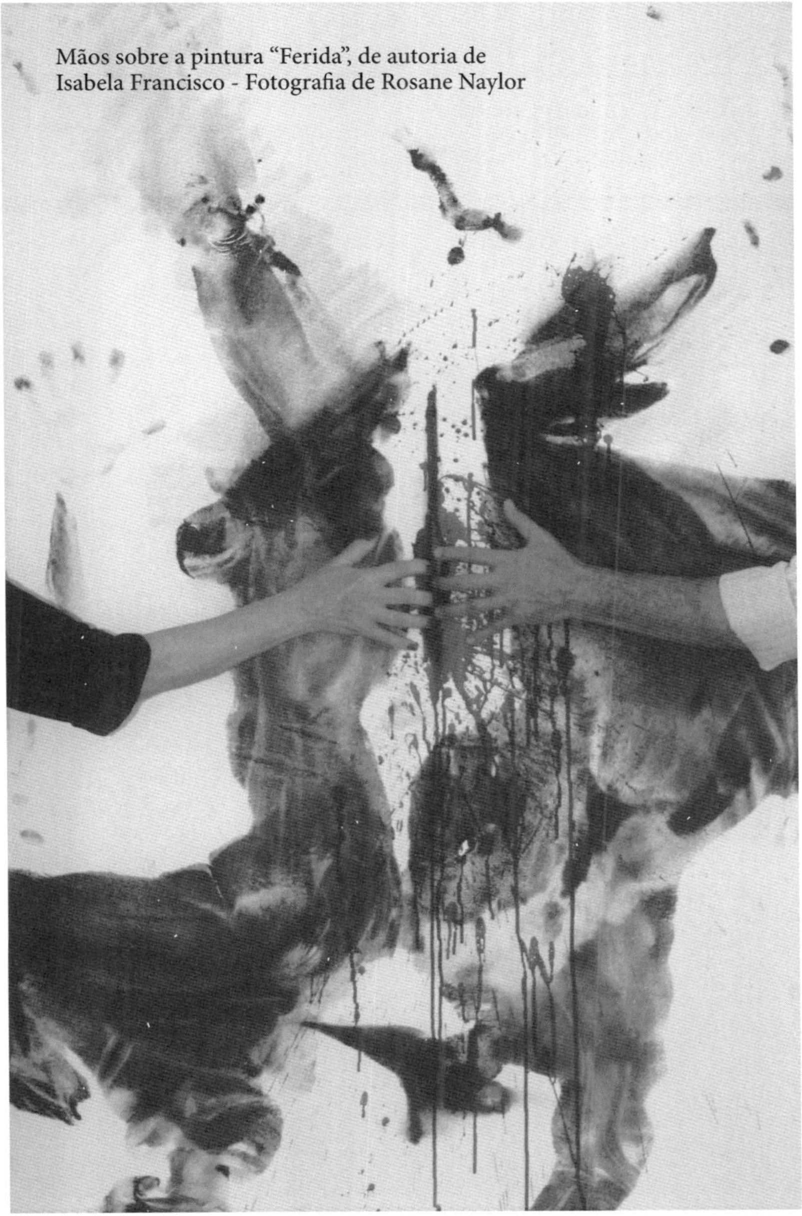

Mãos sobre a pintura "Ferida", de autoria de Isabela Francisco - Fotografia de Rosane Naylor

NOTAS DE FIM

1. FREITAS, Wagner Cinelli de Paula. Noivas Cadáveres. **O Globo**, 30 jan. 2021. Disponível em: <https://oglobo.globo.com/noivas-cadaveres-24861648>.

2.______. Não as matem, pelo amor de Deus! **Estado de Minas**, 22 fev. 2021. Disponível em: <https://www.em.com.br/app/noticia/opiniao/2021/02/22/interna_opiniao,1239618/nao-as-matem-pelo-amor-de-deus.shtml>.

3.______. A primeira noite de um menino órfão. **Jornal Correio**, 6 mar. 2021. Disponível em: <https://www.correio24horas.com.br/noticia/nid/a-primeira-noite-de-um-menino-orfao/>.

4.______. Histórias de homens que matam. **Consultor Jurídico,** 8 mar. 2021. Disponível em: <https://www.conjur.com.br/2021-mar-08/wagner-cinelli-historias-homens-matam>.

5.______. Afinal de contas, nem tudo são flores. **Consultor Jurídico,** 29 mar. 2021. Disponível em: < https://www.conjur.com.br/2021-mar-29/wagner-cinelli-afinal-contas-nem-tudo-sao-flores>.

6.______. Crueldade sem fronteira. **O Dia**, 19 abr. 2021. Disponível em: <https://odia.ig.com.br/opiniao/2021/04/6127107-wagner-cinelli-de-paula-freitas-crueldade-sem-fronteira.html>.

7.______. Vertigens da paixão. **Monitor Mercantil**, 5 maio 2021. Disponível em: <https://monitormercantil.com.br/wp-content/uploads/2021/05/MM-05_05_2021.pdf>.

8.______. Meter a colher é algo necessário. **Consultor Jurídico**, 20 maio 2021. Disponível em: <https://www.conjur.com.br/2021-mai-20/wagner-cinelli-meter-colher-algo-necessario>.

9. ______. A honra como licença para matar. **Monitor Mercantil**, 31 maio 2021. Disponível em: <https://monitormercantil.com.br/a-honra-como-licenca-para-matar/>.

10. FREITAS, Wagner Cinelli de Paula.Quebrando o ciclo da violência. **O Dia**, 16 jun. 2021. Disponível em: <https://odia.ig.com.br/opiniao/2021/06/6167847-wagner-cinelli-de-paula-freitas-quebrando-o-ciclo-da-violencia.html>.

11.______. Nísia Floresta, uma heroína brasileira. **Monitor Mercantil**, 25 jun. 2021. Disponível em: <https://monitormercantil.com.br/nisia-floresta-uma-heroina-brasileira/>.

12.______. As bodas de cristal da Lei Maria da Penha. **Consultor Jurídico**, 19 jul. 2021. Disponível em: <https://www.conjur.com.br/2021-jul-19/wagner-cinelli-bodas-cristal-lei-maria-penha#:~:text=O%20assassinato%20de%20mulheres%20em,ou%20quase%20quatro%20por%20dia.>.

13.______. Música machista, não! **Monitor Mercantil**, 23 jul. 2021. Disponível em: <https://monitormercantil.com.br/musica-machista-nao/>.

14.______. O Sinal Vermelho pode salvar vidas. **O Dia**, 6 ago. 2021. Disponível em: <https://odia.ig.com.br/opiniao/2021/08/6206365-wagner-cinelli-de-paula-freitas-o-sinal-vermelho-pode-salvar-vidas.html>.

15.______. Empoderar é preciso. **JOTA**, 18 ago. 2021. Disponível em: <https://www.jota.info/opiniao-e-analise/artigos/empoderar-e-preciso-18082021>.

16.______. Delegacia da Mulher, uma necessidade. C**onsultor Jurídico**, 26 ago. 2021. Disponível em: <https://www.conjur.com.br/2021-ago-26/wagner-freitas-delegacia-mulher-necessidade/>.

17.______. Femirracídio. **O Dia**, 4 set. 2021. Disponível em: <https://odia.ig.com.br/opiniao/2021/09/6227823-wagner-cinelli-de-paula-freitas-femirracidio.html>.

18. ______. Notícias que chocam. **Monitor Mercantil**, 8 set. 2021. Disponível em: <https://monitormercantil.com.br/noticias-que-chocam/>.

19. FREITAS, Wagner Cinelli de Paula. A violência contra a mulher e o suicídio. **Consultor Jurídico,** 21 set. 2021. Disponível em: <https://www.conjur.com.br/2021-set-21/wagner-cinelli-violencia-mulher-suicidio>.

20.______. Pancada de amor dói e mata. **O Dia**, 28 set. 2021. Disponível em: <https://odia.ig.com.br/opiniao/2021/09/6243538-wagner-cinelli-de-paula-freitas-pancada-de-amor-doi-e-mata.html>.

21.______. Violência patrimonial, uma opressão escondida. **Consultor Jurídico**, 11 out. 2021. Disponível em: <https://www.conjur.com.br/2021-out-11/wagner-cinelli-violencia-patrimonial-opressao-escondida>.

22.______. Estrangeiras por falta de opção. **Monitor Mercantil**, 11 out. 2021. Disponível em: <https://monitormercantil.com.br/estrangeiras-por-falta-de-opcao-2/>.

23.______. O crepúsculo da Mulher Invisível. **Monitor Mercantil**, 28 out. 2021. Disponível em: <https://monitormercantil.com.br/o-crepusculo-da-mulher-invisivel/>.

24. ______. Mais casas abrigo para as vítimas. **O Dia**, 4 nov. 2021. Disponível em: <https://odia.ig.com.br/opiniao/2021/11/6267821-wagner-cinelli-de-paula-freitas-mais-casas-abrigo-para-as-vitimas.html>.

25.______. Não ao casamento infantil, problema que merece atenção especial do Estado. **Consultor Jurídico**, 8 nov. 2021. Disponível em: <https://www.conjur.com.br/2021-nov-08/cinelli-nao-casamento-infantil-merece-atencao-especial>.

26.______. Dia Internacional para a Eliminação da Violência contra as Mulheres. **Monitor Mercantil**, 24 nov. 2021. Disponível em: <https://monitormercantil.com.br/dia-internacional-para-a-eliminacao-da-violencia-contra-as-mulheres/>.

27. FREITAS, Wagner Cinelli de Paula. Rompendo o Silêncio **O Dia**, 1 dez. 2021. Disponível em: <https://odia.ig.com.br/opiniao/2021/12/6286972-wagner-cinelli-de-paula-freitas-rompendo-o-silencio.html>.

28.______. Precisamos falar mais sobre as vítimas abandonadas. **Consultor Jurídico**, 9 dez 2021. Disponível em: <https://www.conjur.com.br/2021-dez-09/wagner-cinelli-precisamos-falar-vitimas-abandonadas>.

29.______. Participação compartilhada na criação dos filhos. **Monitor Mercantil**, 10 dez. 2021. Disponível em: <https://monitormercantil.com.br/participacao-compartilhada-na-criacao-dos-filhos/>.

30.______. Mais mulheres na política. **Revista Justiça Eleitoral** em debate, v. 11, n. 2, jul/dez 2021, p. 74-77 – TRE-RJ

31.______. O direito de acesso das mulheres com deficiência. C**onsultor Jurídico**, 27 dez. 2021. Disponível em: <https://www.conjur.com.br/2021-dez-27/opiniao-direito-acesso-mulheres-deficiencia>.

32.______. O Caso 'Márcia Barbosa' e a razoável duração do processo. **O Dia**, 27 dez. 2021. Disponível em: <https://odia.ig.com.br/opiniao/2021/12/6303116-wagner-cinelli-de-paula-freitas-o-caso-marcia-barbosa-e-a-razoavel-duracao-do-processo.html>.

33.______. A masculinidade tóxica e a violência contra a mulher. **Consultor Jurídico**, 18 jan. 2022. Disponível em: <https://www.conjur.com.br/2022-jan-18/cinelli-masculinidade-toxica-violencia-mulher>.

34. VENTURA, Zuenir. Uma questão de índole. **O Globo**, 30 dez. 2020. Disponível em: <https://oglobo.globo.com/opiniao/uma-questao-de-indole-24816469>.

35. DUARTE, Melissa. Desembargador Wagner Cinelli, do TJ-RJ, recebe prêmio internacional por animação sobre violência contra a mulher. **AMB**, 13 jan. 2021. Disponível em: <https://www.amb.com.br/desembargador-wagner-cinelli-do-tj-rj-recebe-premio-internacional-por-animacao-sobre-violencia-contra-mulher/>.

36. IZAAL, Renata. "Mulheres continuarão sendo assassinadas se não trabalharmos a prevenção e a educação", diz desembargador Wagner Cinelli. **O Globo**, 18 fev. 2021. Entrevista para a Plataforma Celina. Disponível em: <https://oglobo.globo.com/celina/mulheres-continuarao-sendo-assassinadas-se-nao-trabalharmos-prevencao-a-educacao-diz-desembargador-wagner-cinelli-24874652>.

37. PEZZINO, Camille. Resenha #165: não ter escolha. **Caneta Tinteiro,** 10 mar. 2021. Resenha do livro "Sobre ela". Disponível em: <https://gctinteiro.com.br/resenha-165-nao-ter-escolha/>.

38. PODCAST Sustentabilidade e o feminicídio com Wagner Cinelli #15. **Programa Mulheres Sustentáveis**. 31 mar. 2021. Entrevista à Geiza Rocha. Disponível em: <https://open.spotify.com/episode/4eLraknemYSPfGM0hISKLZ> e em <https://www.podpage.com/mulheres-sustentaveis-1/sustentabilidade-e-o-feminicidio-com-wagner-cinelli-15>.

39. ALONSO, Paulo. Wagner Cinelli, observador atento do mundo. **Monitor Mercantil**, 26 ago. 2021. Disponível em: <https://monitormercantil.com.br/wagner-cinelli-observador-atento-do-mundo/>.

Este livro foi composto na tipologia
Minion Pro Regular e impresso pela gráfica
Vozes em papel de miolo pólem 80g e papel
de capa cartão supremo 250 g.